学校での子どもの危機への介入

● 事例から学ぶ子どもの支援

山口豊一・小沼 豊・高橋知己 著
Toyokazu Yamaguchi, Yutaka Konuma, & Tomomi Takahashi

ナカニシヤ出版

はじめに

　学校や家庭で健やかに過ごし，育つ子ども。教室の中で，黒板に書かれている問題に一生懸命に取り組み，「できた」という満足感，自尊心をたくさん経験していく。時には，わからない問題に苦戦し投げやりになってしまったり，友だち同士のトラブルから学校に行くのが不安になってしまうことや，家庭での親子関係の悩みを誰にも相談できていなかったり，と学校や家庭に対する気持ちは変化する。私たち大人は，このような子どもの気持ちに寄り添い，子どもの育ちを支えていく使命があり，子ども自身も権利（「生きる権利」「育つ権利」「守られる権利」「参加する権利」：ユニセフ）を有している。子どもは，大人よりもその権利が侵害されやすい存在である。自分の思いや考えを上手く表現できなかったり，他人や大人の意向に強く左右されてしまったり，そもそも表現の自由が与えられていないという状況もあるだろう。

　学校は子どもの権利を保護し，安心で安全な場でなければならない。「いじめ」や「不登校」そして「虐待」といった問題は，子どもの有している権利侵害であり，子どもの権利を保護しきれていないといえる。例えば，「不登校」といった状態はどうだろうか。子どもが学校以外で「育つ」機会を有していない，ということであれば権利侵害が行われているといえるだろう。「守られる権利」は，「子どもは，あらゆる種類の差別や虐待，搾取から守られること。障害のある子どもは特別に守られること」（ユニセフ，2010）と明記されている。このことから考えると，「虐待」といった状態はどうだろうか。その子どもの「守られる権利」を侵害しているといえる。他にも発達障害（ASD，PDD，AD/HD，SLD，など）に対して適切な援助サービスを受けているか，非行に対して改心できるような援助サービスを受けているかなど，個々の事例に対して，子どもの権利という観点から，安全で安心であるはずの学校や，子どもの問題の状況に応じて連携が期待される行政機関のサービスの在り方を捉え直す必要性があるのではないだろうか。行政機関の縦割行政（セクショナリズム）が指摘され

る中で，子どもへの援助サービスを的確に展開していくことが求められている。

　安全で安心であるはずの，わが国の学校において，子どもの命さえ脅かされるような重大な事件や事故の発生が大いに懸念されるようになったきっかけとしては，2001（平成13）年に発生した大阪教育大学附属池田小学校の不審者侵入事件を挙げることができる。この事件をきっかけに学校の危機管理体制の在り方が見直されるようになってきたのである。また，子どもが自死を選ぶという悲しい事案は，2010（平成22）年に群馬県桐生市で発生した小学6年生女児の事件が指摘できる。仮に学校の危機管理がより機能していれば，女児が自死を選ぶまで追い込まれる前に，心身の苦痛に寄り添うことで悲劇的な結果を防ぐことができた可能性があったのではないかと思われる。この事件をきっかけに，文部科学省は，2010（平成22）年11月9日，都道府県教育委員会などに対し，いじめの兆候をいち早く把握して迅速に対応することや，いじめ問題が生じた場合，隠さずに家庭・地域と連携するように，「いじめの実態把握及びいじめの問題への取組の徹底について（通知）」を出している。この通知にあるように「給食の時間に一人で食べていたこと」や「一人で食べるようになってから欠席が急増していたこと」，作文に「心にきずつくことを言われた」と綴っていたことなどの，いじめの兆候となる女児の心身の苦痛を表すサインに気づき迅速に対応していれば，痛ましい結果にはならなかったのではないだろうか。ところが，当時の学校は女児の心身の苦痛を取り除く有効な措置を講ずることもできないまま，とうとう悲劇的な結果を招いてしまったのである。その後もいじめの定義変更・いじめ防止対策推進法の制定の契機となった2011（平成23）年の滋賀県大津市の中学1年男子生徒の自殺，さらにはいじめ防止対策推進法の徹底が改めて要請されるきっかけとなった2015（平成27）年7月の岩手県矢巾町の中学2年の男子生徒の自殺など，痛ましい事件が後を絶たないのが現状である。矢巾町のいじめ自殺事件では，担任教師へのSOSを見逃し，「机に頭を押さえつける」などの行為を人間関係のトラブルやからかいと捉え，学校は教育委員会にいじめはゼロと報告していた。学校や教師は自らの責任について改めて考え直し，子どもの安全や安心を脅かす危機的な状況に対して的確に対処し，二度とこのような事件を起こしてはならない。子どもを守るべき機関としての役割と機能を捉え，子どもたちにせまりくる危機にどの

ように介入していけばよいのか，学校を含め諸機関がそのマネジメントのあり方について真摯に向き合わなければならない。

　行政機関は，多くの資源（人，モノ，カネ，情報，ノウハウ等）と強い権限を持っている。だからこそ，他の機関による援助的サービスの提供を支え，援助資源が機能するためのマネジメントを行う職務が要求されるのである。教育や福祉の分野などの公共サービス・福祉サービスの一つとして，大人と同等に権利を有しながらも，実はその権利が侵害されることも多い子どもたちに対して，適切な援助的サービスの提供を，いかにマネジメントするのかが現代において重要な行政や諸機関の課題なのである。こうした子どもの危機的状況である「心理危機マネジメント」に対する課題の解決のために，実践的な場と行政をつなぐものが「臨床行政」なのである。

　心理危機マネジメントについては，①「心理危機のサイン」を早期に捉え，事件・事故を未然に防止していく「リスク・マネジメント」と，②「心理危機のサイン」を捉えきれず，子どもが心理危機の状態に陥った際に迅速に，援助サービスを展開していくことを目的とする「クライシス・マネジメント」が指摘できる（表1参照）。

　その中でも本書では，特に②の「クライシス・マネジメント」としての「子どもの心理危機」に対して，行政機関の援助サービスに焦点をあてて読み解いていきたい。子どもが心理危機の状態に陥ってしまった後に，その権利侵害から回復を果たすまでの有効な危機介入のあり方や諸機関の援助サービスのありようを検討することは，昨今の危機的状況から脱するための新たな示唆を含んでいるといえよう。

　心理危機マネジメントへの諸機関の介入のあり方について明らかにすること，これこそが本書が編まれた目的である。

引用文献
ユニセフ（国連児童基金）　2010　世界子供白書　特別版　財団法人日本ユニセフ協会（ユニセフ日本委員会）

表1 「心理危機マネジメント」について

「心理危機のサイン」とは……
　「自分では，どう対処してよいかわからず，どうしようもない状況下において，自らの辛い想いや苛立ちを，担任や身近な大人に知らせようとするものであり，目に『みえない』あるいは『みえにくい』を含む心のサイン」と定義する。

「心理危機マネジメント」とは……
　①児童生徒の「心理危機のサイン」を早期に捉え，児童生徒を取り巻く環境をマネジメントすることによって，事態が大きくなる前に未然に防止すること（リスク・マネジメント）。
　②児童生徒の「心理危機のサイン」を捉えきれず，子どもが心理危機の状態にある際に迅速に，援助サービスを展開すること（クライシス・マネジメント）。
と定義する。

本書の目的と構成

　本書では①実際のケースをもとにして創作した事例を通して対応を検討することを提案している。加えて②子どもの権利への侵害が，「子どもの心理危機」に対してどのような影響を及ぼしているのか，③そうした「子どもの心理危機」に対する行政を中心とした諸機関の機能や役割について考えていきたい。そして④その権利侵害からの回復，すなわち心理危機に対するマネジメントについて学校心理学的見地からの検討を試みることを目的として構成している。

　（なお，本書では本来的には行政による機関とは呼べない諸機関（NPO法人や病院，巡回相談員そしてスクールカウンセラーなど）についても，組織の構造や機能から行政機関として表記していることを予めお断りしたい。）

目　　次

はじめに　i

序章　3段階の心理教育的援助サービス
　　　—危機介入と3次的援助サービスについて—……………………1
　1．子どもの心理危機に対する援助サービス　1
　2．3段階の心理教育的援助サービスとは　2
　3．3次的援助サービスとは　3
　4．「連携」について　5
　5．連携の課題—「点」から「面」へ—　6

1章　危機管理マネジメントについて
　　　—組織全体（行政機関）へのアプローチ—………………………11
　1．はじめに　11
　2．危機について　11
　3．事例からみる心理危機マネジメント　16

2章　「子どもの心理危機」に対する援助サービス
　　　—子どもの権利擁護の枠組みから—…………………………………23
　1．子どもの権利擁護と行政機関の分類　23
　2．各行政関係機関の役割と機能について　30

3章　市役所を中心とした支援ネットワーク
　　　—福祉を中心とした関係機関—…………………………………………39
　Session 1　事例の概要　41
　Session 2　対　　応　43

Session 3　事例にみる関係機関の連携　51

4章　自閉スペクトラム症など特別支援に関する事例
　―学校および支援関係機関―……………………………………53
　Session 1　事例の概要　55
　Session 2　対　　応　61
　Session 3　事例にみる関係機関の連携　68

5章　発達障害が疑われる不登校生徒の事例
　―学校および支援関係機関によるチーム援助―……………71
　Session 1　事例の概要　74
　Session 2　対　　応　77
　Session 3　事例にみる関係機関の連携　84

6章　性非行の事例
　―少年サポートセンターを中心とした支援ネットワーク：司法・矯正関係機関―……………………………………………89
　Session 1　事例の概要　91
　Session 2　対　　応　93
　Session 3　事例にみる関係機関の連携　95
　Seesion 4　臨床的な行政機関の連携のあり方　98

7章　児童虐待への支援と連携
　―教育関係機関と福祉関係機関―………………………………101
　Session 1　事例の概要　104
　Session 2　対　　応　109
　Session 3　事例にみる関係機関の連携　115

終章　5事例から考える行政等関係機関との連携……………117
　1．危機のレベル　117

2．援助チーム結成のプロセス　　**118**
         3．チーム援助体制　　**120**
         4．コーディネーター　　**122**

索　　引　　**125**
付　　録　　公認心理師法　　**127**

※本書の事例は，筆者らが関わった学校のいくつかの事例をまとめて作成した架空のものである。

3段階の心理教育的援助サービス
―危機介入と3次的援助サービスについて―

● 1．子どもの心理危機に対する援助サービス ●

　上地（2003）によると，「危機（crisis）とは，ギリシャ語のクリシス（krisis）が語源であり，重大な事態が良い方向へ向かうのか，逆に悪い方へ向かうのかの分かれ目となる重要な『分岐点』を意味する」という。また，米国の著名な精神保健学者のカプラン（Caplan, 1964）は，危機を「一時的に，個人のいつもの問題解決手段では解決ないし逃れることが困難な重大な問題を伴った危険な事態へ直面した，個人の精神的混乱状態」と定義している。またカプランによると，危機状態の期間の反応には典型的な4つの段階がみられるという。第1段階では，はじめ急激な緊張が起こり，それを解消し，平衡を保つために，習慣的な問題解決反応が喚起される。第2段階では習慣的な問題解決方法が上手くいかないことによる緊張，動揺の増大と，不安にかられる状態がつづき，新たな対処方法を求める動機が強まる。第3段階は，新しい内的・外的資源が動員される時点であり，それによって解決されるべき問題がはっきりしてきて，ある解決に到達する。または，その導入が不適切な場合は，結果的には緊張と不安が持続する。第4段階は，前の段階で問題が解決されない時に生じる。解決されないがために残る緊張や不安は抑圧され，何らかの平衡状態を保つが，結局は未解決な問題やコンフリクト状態を抱えこむことになる。人格のひずみや情緒障害の基盤になるマイナスの蓄積を持つことになり，この状態は，次にまた新たな危機状況に直面した時，さらに負荷を大きくさせる原因となるのである。

ところで，石隈（1999）によると，子どもの危機に対する援助サービスには，危機の予防と危機介入とがあり，危機の予防は，危機的なできごとの発生を完全に予防するわけではなく，危機的な状況での対処能力を発達させ，それを成長の機会にすることを目指すものである。一方で，危機介入は，子どもが危機的状況を生き抜き，平常の適応能力が発揮できる状況に戻ることを目指すものである。危機の予防，危機介入は3段階の援助サービスで構成され，これには，学校心理学が提唱する3段階の心理教育的援助サービスが対応している（石隈，1999）。以下，3段階の心理教育的援助サービスについて概説する。

2．3段階の心理教育的援助サービスとは

心理教育的援助サービスは，一人ひとりの子どもの学習面，心理・社会面，進路面，および健康面における問題状況の解決を援助し，成長を促進することを目指す。学校教育の目標との調和の中で行われる，子どもの福祉を目指したヒューマン・サービスであるといえる（石隈，1999）。

学校心理学では，さまざまな子どもの援助ニーズを3段階に分類した心理教育的援助サービスのモデルを提唱する（図0-1）。

そして，すべての児童生徒を対象に，彼らの幅広い援助ニーズに応じることを目指すのである。

まず，1次的援助サービスでは，すべての子どもを対象に，発達課題や教育課題に取り組む上での基礎的な援助ニーズに対応する。石隈（1999）によると，1次的援助サービスには，促進的援助と予防的援助とがある。促進的援助は，子ども自身の自助資源（自分の持つ強さ）の開発を積極的に援助するサービスである。また予防的援助は，多くの子どもが出会う課題遂行上の困難を予測して，課題への準備を前もって援助するサービスである。1次的援助サービスの場面としては，小学校入学前のオリエンテーション，運動会や文化祭，遠足・修学旅行などの学校行事などがある。

2次的援助サービスでは，危機に陥る危険性の高い一部の子どもを対象に，子どもの問題が大きくなって子どもが苦戦することを予防する。子どもの問題状況を早期発見し，援助を開始することが重要になる。SOSチェックリスト

図 0-1　3段階の援助サービス，その対象，および問題の例（石隈・水野，2009 を参考に作成）

（石隈・田村，2003）などを活用して，子どもの苦戦に気づくことが必要である（石隈，2006）。

　これら二つは，子どもの危機に対する援助サービスのうち，危機の予防に対応している。そして 3 次的援助サービスでは，「子どもの心理危機」（不登校，いじめ，障害，非行などの問題状況）により，重度の援助ニーズを持つ子どもを対象に，個別の教育計画（石隈，1999）に基づきチーム援助を行う。つまり，危機介入がサポートに含まれる。

　以下，「子どもの心理危機」への介入である，3 次的援助サービスについて詳しく説明する。

3．3次的援助サービスとは

　3 次的援助サービスの対象とは，不登校，いじめ，障害，非行などの問題状況により，特別な援助が個別に必要な子どもである。これらの重大な援助ニーズを持つ「特定の子ども」を対象に，自助資源や周りの援助資源を活用し，自分の発達・教育課題に取り組み，さまざまな問題に対処しながら学校生活を送れるように援助する（石隈，1999）。

3次的援助サービスには二つの側面があり，一つは，子どもの課題への取り組みにおける問題状況そのもの（例：学習困難）の改善である。もう一つは，子どもの問題が課題への取り組みや学校生活に与える不利益の減少（例：療学援助）である（石隈，1999）。

　3次的援助サービスの対象である児童生徒は，教室だけでなく保健室や相談室，教育支援センター（適応指導教室）や特別支援学級など，さまざまな援助サービスの場を必要とする（田村，2013）。例えば，障害のある子どもは，発達・教育課題に取り組む時に特別な困難に出会う。具体的な対象としては，特別支援学級，特別支援学校の知的発達症，肢体不自由，身体虚弱，弱視，難聴を有する児童である。また，言語症，語音症，社会的コミュニケーション症，ASD（自閉スペクトラム症）を有する児童，さらに，SLD（限局性学習症），AD/HD（注意欠如・多動症）などの発達障害を有している児童である（診断名は DSM-5 による）。

　保健室，相談室，教育支援センター（適応指導教室）などは，3次的援助サービスの場として機能している。保健室はいつでも誰でも，気軽に相談できる場所である（友常，2006）。ここでは，養護教諭が援助者となり，他の教師や保護者と連携して，いろいろな問題を持つ子どもの援助ニーズに応じている（石隈，1999）。

　相談室（カウンセリングルーム）は，子どもの相談に乗る場である。ここでは，スクールカウンセラー，教育相談係が援助者となり，相談室登校の子どもなど，個別または小集団の子どもを対象に援助を行う（石隈，1999）。

　教育支援センター（適応指導教室）は，学校に行けない子どもの学校復帰や社会的自立を支援することを目的とし，主に教育委員会が学校外の場所や余裕教室を借りて設置しているものである（小柴，2006）。学校や学習に関して傷ついた自尊感情を癒し，自己理解や対人関係の問題を整理し，今後の学校生活や人生について考え準備する場である。教育委員会所属の相談員がヘルパーとなり，学校に行けない子どもを対象に援助を行う（石隈，1999）。

　3次的援助サービスは，特定の子どものためのチーム援助によって行われる。学内のチームは，学級担任，保護者，スクールカウンセラー，養護教諭，教育相談係，障害児教育担当などからなる。学内のチームで子どもに十分な援助サ

表 0-1　個別教育計画における 4 つの要素（石隈，1999）

①子どもの現状と援助ニーズ
　・学習面，心理・社会面，進路面，健康面の状況と環境
　・何が問題なのか。どこで援助が必要なのか
②子どもへの関わり（指導・援助）の現状と援助ニーズ
　・今まで行ったこと，今行っていること
　・子どもへの関わりで何が問題なのか。どこで援助が必要なのか
③子どもの自助資源と環境の援助資源
　・子どもの得意な学習スタイル，ストレス対処スタイル，学力や体力など
　・部活の顧問など学校内の人材，児童館など環境の物的・人的資源など
④教育サービスの目標と計画
　・今年度の教育目標
　・学期ごとの教育目標，教育方針，教育計画，教育サービスの評価の方法
　　教育の場所と内容，担当者など
　・学校外での援助サービス
　　教育相談所，病院，児童相談所などでのサービス，連携のキーパーソン

ービスを実施できる場合もあるが，むしろ相談機関や医療機関などの専門機関との連携が重要になり，学内のネットワークだけでは対処しきれない場合が多い（山口・石隈，2005）。どちらにしても，子どもの状況について精密な心理教育的アセスメントを行い，それに基づいて個別教育計画（IEP：Individualized Education Plan）を立て，援助を行うことが必須である（石隈，1999）。

　ところで，個別教育計画（IEP）とは障害のある子どもへの特別な教育の概念（石隈，1994）であり，学校心理学の視点から，盛り込むべき 4 つの要素が整理されている（表 0-1）。すなわち，子どもの現状と援助ニーズ，子どもへの関わりの現状と援助ニーズを把握しておくことで，子どもへの援助に足りないところがみえてくる。そして，子どもの自助資源と環境の援助資源を確認し，子どもに適した援助の方法を検討する。最後に，具体的な教育サービスの目標と計画を立て，実行へと移していくのである。

4.「連携」について

　援助サービスが「点」から「面」へと展開していくためには，「連携」が必要不可欠である。「連携」という言葉自体は，広く認知されてきているが，その概念については検討が十分になされていないといえる（山中，2003）。それは，分

野や領域によって，「連携」という取り組みについて差異が生じていることを示している。このことから，「連携」の概念はさまざまに論じられている。そのような中で，ジェルマン（Germain, 1984）は「連携」について，「単独の分野（あるいは個人）だけでは達成できないあるいは充分には達成できない（中略）目標や職務を遂行するために，（中略）行動を交換する協力的プロセス」であると形容している。そしてまた，高山（1993）は「自己完結的な支援に留まらず，より一貫性の高い，総合的な支援を実施する」ものと述べている。すなわち，個々の機関（個人）だけでは援助サービスに限界があるということ，そして一貫性の高い総合的な援助サービスの必要性が示唆されている。このような議論を踏まえて，小沼・山口（2014）は「連携」ということについて，「個々の行政機関（あるいは個人）が有している援助資源だけでなく，異なった分野や領域の行政機関（あるいは個人）が有している援助資源についても検討し，各行政機関が『子どもの最善の利益』に向けて相互補完しながら援助サービスを展開するプロセス」として述べており，本書においてもこの立場を参考にして論じていくことにする。

5．連携の課題―「点」から「面」へ―

　3次的援助サービスは，重大なニーズを持っている子どもへの援助サービスである。上記の通り，重大な援助ニーズを持つ子どもたちは，学内のネットワークだけでは対処しきれない場合も多くある。その際，学内のメンバーが保有するネットワークを通じて，広く援助を要請するネットワーク型援助チーム（田村，2005）で援助を行う必要がある。例えば，不登校の児童生徒においては，教育委員会設置の教育支援センターとの連携が必須である。また，虐待を受けている児童生徒においては，児童相談所との連携が必須である。さらに虐待のケースが不登校を含んでいる場合，児童相談所と教育委員会（教育支援センター）との連携が必要である。しかし，この連携が実際には難しい。児童相談所と教育委員会の間には「縦割り行政」という壁があり，それぞれが与えられた職務を遂行するに留まってしまう場合が多い。連携するにも手続きが必要であったり，行政事務が別々に必要であったりと弊害も多い。その結果，現状では

それぞれが「点」として援助をしているともいえる状況である。「面」として援助を行うには，このような問題に対する取り組みが必要である。

　本書では，「子どもの心理危機」に対する援助方略を，学校心理学の理論を参考にしながら，事例をもとに読み解いていきたい。そこで，第1章では危機管理マネジメントについて概観し，「危機」を個人レベルと組織レベルで考え，整理する。次に，第2章では子どもの権利（生きる権利，育つ権利，守られる権利，参加する権利）はどのような枠組みで規定されているのかを検討する。そして，3章から7章では，「子どもの心理危機」に対して，行政機関がいかにマネジメントしていくか，事例を通して検討していくことにする。

引用・参考文献

Caplan, G.　1964　*Principles of Preventive Psychiatry.*　New York: Basic Books.（新福尚武（監訳）　1970　予防精神医学　朝倉書店）

Germain, C. B.　1984　*Social Work Practice in Health Care.*　Free Press.

石隈利紀　1999　学校心理学―教師・スクールカウンセラー・保護者のチームによる心理教育的援助サービス　誠信書房

石隈利紀　2006　学校心理学の領域と学習課題及びキーワード　学校心理士資格認定委員会（編）　学校心理学ガイドブック　第1版　風間書房　pp. 24-33.

石隈利紀・水野治久　2009　学校心理学の「最前線」と学校教育の可能性　石隈利紀（監修）　水野治久（編）　学校での効果的な援助をめざして―学校心理学の最前線　ナカニシヤ出版　pp. 201-211.

石隈利紀・田村節子　2003　石隈・田村式援助シートによるチーム援助入門―学校心理学・実践編　図書文化

小沼豊・山口豊一　2014　行政機関の援助サービスにおける「連携」について―子どもの権利条約を通じて　跡見学園女子大学文学部紀要，49, 31-46.

小柴孝子　2006　第26講　適応指導教室　小林朋子・徳田克己・髙見令英（編著）　ヒューマンサービスに関わる人のための学校臨床心理学　改訂版　文化書房博文社　pp. 199-204.

高山忠雄　1993．保健・医療・福祉の連携　京極高宣（監修）　現代福祉学レキシコン　雄山閣出版　pp. 76-77.

田村節子　2005　援助チームの作り方・進め方　石隈利紀・田村節子・山口豊一（編著）　チーム援助で子どもとのかかわりが変わる―学校心理学にもとづく実践事例集　ほんの森出版　pp. 14-24.

田村修一　2013　3段階の心理教育的援助サービスとは　水野治久・石隈利紀・田村節

子・田村修一・飯田順子（編著）　よくわかる学校心理学　［やわらかアカデミズム・（わかる）シリーズ］　ミネルヴァ書房　pp.80-81.
友常優子　2006　保健室　小林朋子・徳田克己・高見令英（編著）　ヒューマンサービスに関わる人のための学校臨床心理学　改訂版　文化書房博文社　pp.183-190.
上地安昭　2003　教師のための学校危機対応実践マニュアル　金子書房
山口豊一（編著）　石隈利紀（監修）　2005　学校心理学が変える新しい生徒指導——一人ひとりの援助ニーズに応じたサポートをめざして　学事出版
山本和郎　1986　コミュニティ心理学—地域臨床の理論と実際　東京大学出版会
山中京子　2003　医療・保健・福祉領域における「連携」概念の検討と再構成　大阪府立大学福祉学部，社會問題研究会，53(1), 1-22.

― Tips ―

（1）子どもの心理危機と3次的援助サービス

　子どもの危機に対する援助サービスには，危機の予防と危機介入がある。
　　危機の予防：1次的援助サービス
　　危機介入　：2次的援助サービス，3次的援助サービス

（2）危機におけるカウンセリング（危機介入）

　子どもとの信頼関係を基盤とした教育活動であり，傾聴し，共感的理解を目指す。表0-2に示す独自の特徴とカウンセリングのプロセスを持つ。

　　　表0-2　危機介入の目標と特徴およびカウンセリングのプロセス（石隈，1999）

〈目標〉
①子どもの情緒的均衡を取り戻すこと
　・面接が短期間である
　・「一時的な依存」は効果的であると考える
②子どもと行動を起こすこと
　・援助者からの積極的で指示的な働きかけ

〈カウンセリングのプロセス〉
①現状のシナリオの理解
　（ア）危機的な状況で相談に来てくれたことを支持する
　（イ）危機的なできごととそれについての子どもの捉え方を聞く
　（ウ）子どもの利用可能な援助・自助資源を聞いて励ます
　（エ）「死にたい（殺したい）という気持ちはありますか」と率直に聞く
　※もし「はい」なら，その予定を尋ねる
　　　⇒ 予定が明確なほど，実行される危険性が高い
　　自分に何が起こったかを子どもが理解するのを援助しながら，子どもの危機状況のアセスメントを行い，危機介入の必要性と緊急度を判断する。
　緊急性が高い：保護者に連絡を取り，緊急の保護や精神科の診断を求める
　緊急度が低い：②のステップに進む
②目標のシナリオの設定と行動の援助
　（ア）具体的な目標と目標達成のための具体的な方法を決定する
　（イ）子どもの援助・自助資源の活用を工夫する
　（ウ）行動の実践について積極的に援助する
　（エ）次回の連絡方法を明確に約束する
　（オ）子どもの保護者や教師と連絡を取り，チームで援助することの許可を得る

1 危機管理マネジメントについて
―組織全体（行政機関）へのアプローチ―

● 1．はじめに

　子どもの人権侵害に対する援助サービスは，子どもを取り巻く組織（行政機関）を全体として捉えていく必要がある。「子どもの心理危機」を捉え援助していくにあたり，危機を個人レベル，組織レベルで並行的に捉えていくことが求められる。なぜなら，個人にしてみれば非常に危機状態にあるにもかかわらず，組織がその個人の危機を「危機」であると認識していないことがある。また，組織の危機が個人に影響することもある。そこで，「危機」を個人レベルと組織レベルに大別し理論的な整理を行っていく。組織（行政機関）や個人の危機とはどのような様相を呈しどのように理解できるのかを捉える。そして個人レベルの危機に対して，組織（行政機関）がいかなる援助サービスを展開できるのかについて検討する。

● 2．危機について

①組織レベル

　危機の状態について，カプラン（Caplan, 1964）は「人生上の重要目標が達成されるのを妨げられる事態に直面した時，習慣的な課題方法をまず始めに用いて，その事態を解決しようとするが，それでも克服できない結果発生する状態である」と述べている。すなわち，危機的な事案に直面した際に，従来の解決方法では事態の収拾が困難な状態の時に危機の状態が生じるといえる。また，

ピッチャーとポランド（Pitcher & Poland, 邦訳 2000）は，過去の研究を参照しながら，教育的な場で柔軟に適用できる危機介入の段階をもとのレベルに回復することを最終段階として次の4つに分けて，援助（支援）活動を検討している。それは，(1) 衝撃の段階，(2) 退却（後戻り）の段階，(3) 解決・調整の段階，(4) 危機以前の機能のレベルへ回復，の4段階である。

　最初の衝撃の段階では，危機に直面した際に学校職員が感情的になり，冷静な対応ができなくなることがあるために，解決が難しくなることがある。冷静な対応をするための支援活動が必要になる。最初の段階を経験した後，目前の危機は収束したとしてもそれを経験した人々の反応はこれからとなる。退却（後戻り）の段階から感情的・情緒的になりストレスフルな時間がはじまるといっても過言ではない。そうした段階と戦った後で，情緒的な段階を次第に克服していく。それが解決・調整の段階である。そして数か月から数年という長い年月を経てゆっくりと機能の回復へと動き出していくことになる。そしてまた，クラインとリンデマン（Klein & Lindemann, 1961）は，危機の様態について，「個人の危機が集団の危機として表れることがよくある。そして，逆に組織の危機的状況は，個人間の危機をもたらすこともある」と説明している。すなわち，個人の危機への対処の在り方が，組織（行政機関）の危機を軽減することに繋がるといえる。それには，個人の心理危機をどのように，組織（行政機関）としてマネジメントしていくかが大きなカギとなろう。組織へのマネジメントにおける学校危機管理研究の主要な先行研究をみると，その対象や特徴を捉えることができる（表 1-1）。

　表 1-1 の中の瀧野（2006）は，学校の危機管理について「リスク・マネジメント」と「クライシス・マネジメント」に分けて論じている。すなわち，「リスク・マネジメント」は，「危険因子を早期に発見して除去または回避することで，事故・事件の発生を未然に防ぐこと」と述べられている。例えば，学校施設の設備点検や，安全マップづくり，そして「危機」の対応に備える校内体制（教職員の役割分担）がある。「クライシス・マネジメント」は，「事件・事故に対して迅速に対応し，被害を拡大しないように対処する」と述べている。例えば，平常時への回復に向けての計画作成，子ども・保護者への連絡，報告，心のケアなどが挙げられる。

2．危機について　13

表1-1　危機に対するマネジメント方略と特徴（小沼作成）

理論／思考	提唱者	定義／概念	理論上の視点	支援上の視点
HRO（高信頼性組織）	Roberts（1992）	HROの定義 惨事となりかねない事態を多く接しながらも、その事態を初期段階で感知し未然に防ぐ仕組みを体系的に備えた組織	アクシデントは「起こるべくして起こる」という前提。単純な失敗や逸脱が、加速度的に被害を拡大してしまう。事前予測に優れた組織が、危機対応に優れている。	ミスを報告するように指導がなされ、「失敗軽減」をつぶさに検討していくことを怠らない。
HROを発展させ、5つに整理	Weich & Sutcliffe（2001）	①失敗から学ぶ、②単純化を許さない、③オペレーションを重視する、④復旧能力を高める、⑤専門知識を尊重する	不測のアクシデントが起こったら、そのシステムを復旧させることに力を注ぐ。深刻化させない。	システムの復旧に不可欠な専門的知識を有するものに権限を移譲する。
学校心理学3段階の心理教育的援助サービス ※クライシス・マネジメントとしての4次的援助サービスを提示（小沼・中谷、2012）	石隈利紀（1999）	[1次的援助サービス]―すべての児童生徒を対象に行う [2次的援助サービス]―児童生徒の問題状況を早期に発見し、問題状況のアセスメントを行いながらの早期の援助サービス [3次的援助サービス]―いじめ、非行などの問題状況により特別な援助を個別に提供し、特定の児童生徒への援助サービス	予防的な援助サービス。学校行事や授業づくりなどの「プログラム」の検討。 スクールカウンセラーや教師等が「援助チーム」を形成し、一人ひとりに応じた指導計画の作成。 早期に問題を抱える子どもの「小さなサイン」の発見。 「個別の指導計画」に基づいた援助の展開。相談・医療等の外部の専門機関との連携。学校外のネットワークの活用。	児童生徒の個人の危機を学校全体の危機管理として展開していく。 [チーム援助]で苦戦する児童生徒の抱えている危機を早期に捉える。個別の指導計画を用い、組織的に危機対応を行う。
学校危機の内容の分類	上地（2003）	[個人レベルの危機]―不登校、信待、家出、性的被害、家族崩壊等 [学校レベルの危機]―いじめ、学級崩壊、校内暴力、教師のバーンアウト等 [地域社会レベルの危機]―殺傷事件、自然災害、窃盗、教師の不祥事等	教師・保護者・専門家等による児童生徒に対する個別的危機対応の支援。 学校全体（教職員・児童生徒・保護者）の協力体勢から危機対応を行う。 学校外の専門支援機関や地域社会との「連携」のもとに支援を要請する。	危機対応は、危機を管理し安全を確保する。 危機から学んだ教訓を活用する危機教育として捉える。 危機対応チームの組織化が重要。
リスク・マネジメント、クライシス・マネジメント	瀧野揚三（2006）	[リスク・マネジメント]―危険因子を早期に発見して除去または回避することで、事故・事件の発生を未然に防ぐ [クライシス・マネジメント]―事件・事故の発生に対して迅速に対応し被害の拡大防止	アクシデントの際の児童生徒の反応や対応について心理教育研修を行う。 平常時より地域関係機関等の資源について認識し、迅速に外部からの支援者への連絡を調整し、対応を行う。	クライシスのあった後には、再発防止策を提示。アクシデントの教訓を活かす。安全教育や危機管理体制の見直しを行う。

1　危機管理マネジメントについて

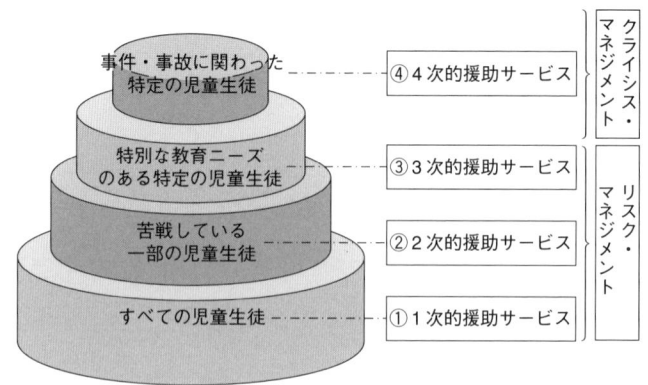

図 1-1　4次的援助サービスの位置づけ（小沼・中谷，2012）

　また，小沼・中谷（2012）は，学校の危機管理について，学校心理学の「心理教育的援助サービス」である，3段階の援助サービス（1次的援助サービス，2次的援助サービス，3次的援助サービス）を参考にしながら，第4次的援助サービスを提示している（図1-1）。すなわち，「リスク・マネジメント」を，転校生を含む「すべての児童生徒（子ども）」の苦戦状態を見立てていくサービス（1次的援助サービス）から，いじめや不登校などといった，「特別な教育ニーズのある特定の児童生徒（子ども）」を，より援助を必要とされるサービス（3次的援助サービス）として捉える。そして，「クライシス・マネジメント」としての援助サービスを4次的援助サービスとして位置づけ，「事件・事故にに関わった特定の児童生徒（子ども）」に対する援助の展開を述べている。
　4次的援助サービスは，「事件・事故に関わった特定の児童生徒（子ども）」に対する援助サービスであり，「子どもの心理危機」に対応していくことが求められる。日常とは異なる状況下に置かれ，学校組織（行政機関）としても「危機」の状態にあることになる。つまり，「危機」といった場合に，個人の「危機」の側面と，組織（行政機関）としてどの程度「危機」であるのかという両側面を捉えることが重要になってくる。
　そこで，「危機」に対していかにして対応していくのかということについて個人レベルの「危機」の理論に着目してみていくことにする。

②個人レベル

瀧野（2012）は，「危機」が発生した後，子どもの適応状態はどのような経過をたどるのかについて，シェーンフェルト（Schonfeld, 2012）の理論を紹介している（図1-2）。

シェーンフェルトの理論によると，まず，(A) のベースラインである平常時の状態がある。平常時の状態の中で，突然，できごとが発生したのが (B) である。(B) の発生したできごとによって，通常の対処方法では上手く対処できなくなっている状態といえる。そして，落ち込み具合がひどくなったり，適応の状態が悪化して急性の反応を示すようになる。次の (C) の傷つきやすい脆弱な状態では，サイコロジカル・ファーストエイド（Psychological First Aid: PFA[1]）が導入され，恐怖や苦悩を特定し，支援を実施しながらつながりをつくる。そして，(D) では，通常の対処能力が働かない状態になり，(E) で無力感や絶望感を感じるようになる。この (D) および (E) では，周囲からの関わりや励ましのもとで，ベースラインへの回復のために教育的活動や社会的活動を再開していく段階になる。教育的活動や社会的活動を再開していくことで，(F) の対処機能の回復へと繋がっていく。しかしながら，初期対応者から支援が得られない場合には，回復が進まず問題状況が不調なままで継続することになる (G)。一方，(H) では，機能回復が進み，ベースライン程度ま

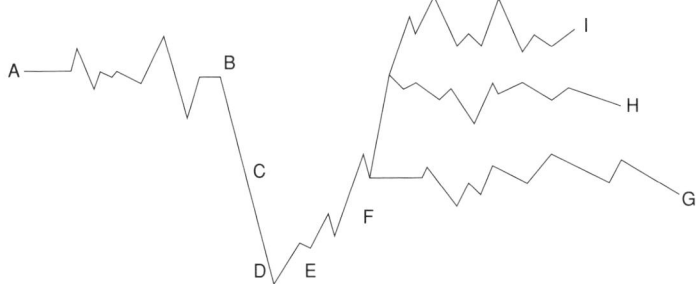

A＝ベースライン　　　　　　F＝対処機能の回復
B＝出来事　　　　　　　　　G＝障害の継続
C＝傷つきやすい脆弱な状態　H＝ベースラインへの回復
D＝通常の対処能力がはたらかない　I＝トラウマ後成長
E＝無力感，絶望

図1-2　危機や災害後の子どもの適応状態とその経過（Schonfeld, 2012）

で回復した状態を示している。(H) のような機能回復のためには，適切な支援者のところへ上手く繋げていく支援が重要になる。この支援を実施していく者は，子どもの周りにいる大人が，援助資源を適切に探し当てて繋げていくことが必要である。「教育臨床行政」における支援者（支援機関）の射程として，(H) の段階までいかにして，支援を展開していけるかがカギとなるといえる。

　危機や災害後の影響を受けた子どもの中には，危機や災害を経験する前よりも高い水準に機能が回復しているケースもあり，これをトラウマ後成長（I）と述べている。危機や災害の逆境を克服したことによって，以前よりも成長や肯定的な変化がみられる場合もあることを示している。

　以上，危機による個人レベルの影響の過程についてみてきた。この過程からみえてきたことは，出来事（B）から援助サービスが展開され，(H) までの支援のモデルについて，本書のテーマである，「心理危機マネジメント」について検討していくことが必要になる。

● 3．事例からみる心理危機マネジメント ・・・・・・・・・・ ●

①母親の発作

　本事例は，第3章で詳しく取り上げるが，母子家庭のA君（小学5年生）に突発的に起こった心理危機の事例である。

　母親には精神疾患の持病があり，定期的に大学病院の精神科に通院し面接や投薬治療を受けていた。また，生活保護を受けており，市役所の福祉課や生活支援センターでの面接を受けていた。母親は，生活支援センターでの面談中に

---

1) サイコロジカル・ファーストエイド（Psychological First Aid: PFA）とは，国立子どもトラウマティック・ストレスネットワーク（National Child Traumatic Stress Network）とアメリカのPTSDセンターで開発された，災害，事件・事故直後の急性期の介入方法を示したマニュアルである。このマニュアルでは，安全と安心を確立し，回復に関する資源として子どもが所属する組織や行政機関，周囲の人々と連携し，心理教育の提供やストレスの軽減を図り，対応する仕方を例示している。ここで心理教育とは，心理的に受容しにくい問題を抱える人たちに，正しい知識や情報を心理面への十分な配慮をしながら伝えていくことを指し，病気や障害の結果もたらせる諸問題・諸困難に対する対処法を習得してもらうように，情報を提供していくものである。そして，さらに援助が必要な場合に適切なサービスの紹介や中長期・継続的な支援者へ引き継ぐことを推奨している。

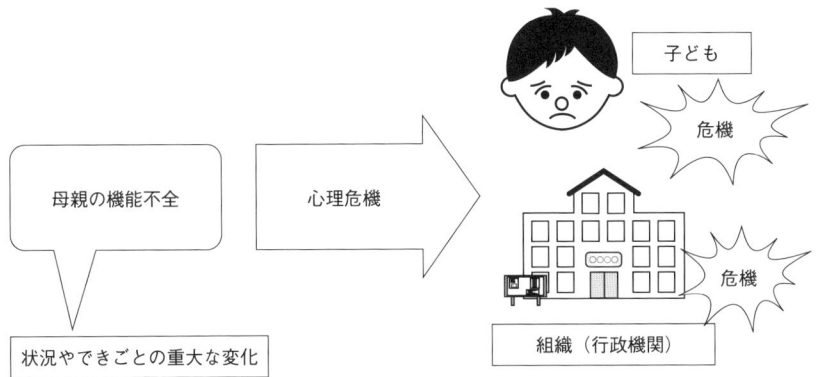

図1-3　母親の機能不全によるA君・行政機関の心理危機

発作を起こして大学病院の精神科に緊急搬送された際に，A君のことを心配して，看護師を通じて学校へ連絡が入った。

　母親の実家は，現在暮らしているアパートからは電車で2時間ほどかかる遠方にあり，そう簡単には頼れない状況にあるため母親に何かあるとA君は1人きりになってしまうのであった（図1-3）。

②A君の援助サービスをいかに展開するか
- 担任教師は下校途中のA君を学校に連れ戻した（午後3時前）。
- 市役所の福祉課の職員が来校して対応を協議しはじめる（午後4時）。
- 福祉課の職員は，本庁職員や大学病院，生活支援センターと連絡を取りながら現在の状況や母親の回復の見通しなどについて確認を行う。
- 大学病院からの母親に対する処置の決定が伝えられた（短期入院）（午後5時）。
- A君の保護施設を市役所の福祉課で検討し，保護施設が決定する。
- 担任教師は，A君の着替えなどを用意し夕食を済ませて保護施設に向かった（午後6時）。
- 翌朝，市役所の福祉課の職員の車で登校する。

このようにA君の担任教師・学校と市役所の福祉課，大学病院，生活支援センター（NPO）といった教育関係機関，医療関係機関，福祉関係機関（行政機

関）が連携して援助サービスを展開していった。

③A君の事例から捉える個人・組織レベルの「危機」について

「危機」は，個人レベルでも組織レベルでも起こり，個人や組織に影響を及ぼす。例えば，A君の事例からみると，母親の機能不全はA君に「心理危機」を与えることになる（図1-4）。そして，事案に対応する組織（行政機関）においては，A君に起こった「危機」を捉えるとともに，組織（行政機関）として援助サービスを行わなければならない。援助サービスの検討を迫られる組織（行政機関）は，与えられている権限と事案の急迫性を勘案して迅速な対処を迫られることになる。すなわち，母親の機能不全という一つの事象は，個人と組織（行政機関）の両方に「危機」という影響を及ぼすことになるのである。

「子どもの心理危機」に対して，単独の人や組織（行政機関）では対応が困難な際に，他機関との連携が重要になる。つまり，複数の人や組織（行政機関）が，「危機」に対して関与してくるという状況が生まれるのである。なおかつ，それぞれの組織（行政機関）に所属している人や，組織（行政機関）そのものに与えられている「権限」は異なっている。

④組織レベルで危機に対応する―組織（行政機関）の権限と問題の急迫性―

「子どもの心理危機」に対して，その「危機」を捉えて援助サービスを展開する必要がある時，果たして「誰が・どの組織（行政機関）が」担うのかが課題

図1-4　A君に心理危機をもたらす可能性のある要因

になる。すなわち，どこがどのように主導権（イニシアティブ）を発揮して援助サービスをマネジメントしていくかが重要になる。

「問題の急迫性」という観点において，「危機」によっては，1分1秒を争う非常に急迫性を伴うできごともあるだろう。事例をみると，担任教師は，A君を迅速に学校に連れ戻している。ここで，A君を担任が学校で保護できていなかったら，状況はまた異なっていたであろう。この連れ戻すという「権限」は，果たして担任個人が実行してよいものだろうか。どのような判断をして，実行したのかということは「急迫性」とも関わってくる課題である。

このように，組織レベルで援助サービスを展開するにあたり，「権限」と「急迫性」の検討が必要であろう。本事例では，市役所の福祉課が主導的な役割を担い，援助サービスを展開し，関係機関等との連携をマネジメントしている。では，市役所の福祉課が果たしたマネジメント機能とは何かということを，組織（行政機関）の権限と問題の急迫性を分析の手がかりとして，できごとが起きた順に検討していくことにする。できごとの整理として，①危機の発見者・組織（行政機関），②対応できる援助資源の有無，③急迫性や関係の深さ，といった3点をもとにA君の事例を通じて検討していく。

危機の発見者・組織

本事例において，危機の発見者・組織は，「生活支援センター」であった。母子家庭であることから，母親は生活の相談のために「生活支援センター」を訪れていて，相談中に発作を起こしてしまった。この時，喫緊で対応しなくてはいけないのは，「母親を医療機関（精神科）に繋ぐ」ということである。

「生活支援センター」の権限は，生活にかかる金銭面での支援や情報の提供である。精神科医に診断を仰がなくてはならいほどの，医療行為の権限は与えられていない。だからこそ，適切に援助サービスを受けられる医療機関へ繋ぐことが求められるのである。

対応できる援助資源の有無

「生活支援センター」は，「母親の発作」が自身の組織では実施することのできない医療行為であったため，大学病院（精神科）に繋いだ。ここでの喫緊の

課題は,「母親の発作」の状況を診断するということである。医療機関(精神科)は,「母親の発作」に対して,対応できる援助支援を有している。医療機関(精神科)の権限は,「母親の発作」ということに対する適切な援助サービスを実行するということである。そして,援助サービスの結果一時的な入院をすることに決まった。

　急迫性については,母子家庭の母親が入院したことにより,A君に危機が生じたことになる。母親から依頼を受けた医療機関(精神科)の看護師が,家庭状況を憂慮していち早くA君に伝えることが重要であった。「子どもの安全な居場所の確保」「母親の状況を子どもに伝える」という援助が,「母親の発作」への援助から発生したといえよう。しかしながら,就学情報(子どもがどこの学校に行っているかなど)をみる権限は有していない。そこで,(イ)「子どもの安全な居場所の確保」,(ロ)「母親の状況を子どもに伝える」という2つの援助サービスの展開の際して,「権限」を有しているだろうと思われる市役所の福祉課へ繋ぐという結果になった。

急迫性や関係の深さ

　「医療機関(精神科)」から繋がった市役所の福祉課は,事案の急迫性からすぐに担任教師へ連絡を入れている。その連絡を受けた担任教師はすぐさま,下校途中のA君を連れ戻し,(ロ)「母親の状況を子どもに伝える」という援助を展開できた。これは,市役所の福祉課の「権限」において,学校にスムーズに連絡を入れることができ,対応できたといえる。一方,(イ)「子どもの安全な居場所の確保」という援助については実は困難を伴っていた。母親の入院という状況から,A君の保護のために短期間,安全な居場所を確保する必要性に迫られているのであるが,どこの福祉施設も一杯で受け入れが上手くいかない。この時,市役所の福祉課において,組織レベルの危機があったといえよう。市役所の福祉課の担当者は,A君の担任教師との連絡を密にし,状況確認を行っている。結果的には,担任教師との情報交換を行うことで,短期間ショートステイできる福祉施設にA君を保護することができたのである。

　このように,それぞれの組織では,与えられた「権限」のもとに,援助サービスを展開していくのが有効であるといえる。そして,対象となるできごとは,

変化していくものであり，援助者はそのことをよく認識した上で，サービスを実施していくことが求められる。本事案では，最初のできごとは「母親の発作」に対応するという援助サービスにはじまったが，最終的には「子どもの安全な居場所の確保」「母親の状況を子どもに伝える」というA君に対する2つの援助の展開に変化していった。

　市役所の福祉課が，他の組織の間に入り，情報の整理とマネジメントの実施をできたことが，本事案の成功に繋がったと考える。「子どもの心理危機」に対して，周りの組織がいかに連携してマネジメントしていくのかということが重要である。そして「子どもの心理危機」に対して，組織を含む周りの支援者が，いかにして子ども目線に立って援助サービスを展開していけるのかということが大切になる。本事例については，第3章でさらに詳細に検討していきたい。

引用・参考文献

Caplan, G.　1964　*Prinsiples of preventive psychiatry.*　New York: Basic Books.（新福尚武（監訳）　1970　予防精神医学　朝倉書店）

石隈利紀　1999　学校心理学―教師・スクールカウンセラー・保護者のチームによる心理教育的援助サービス　誠信書房

Klein, D. C., & Lindemann, E.　1961　Preventive intervention in individual and familiy crisis situation.　In G. Caplan (Ed.), *Prevention of mental disorders in childen* (pp. 283-306). New York: Basic Books.

小沼豊・中谷素之　2012　学校危機管理としての「心理危機マネジメント」に関する一考察―学校心理学的支援モデル構築の試み―　名古屋大学大学院中等教育研究センター紀要, **12**, 31-51.

中西晶　2007　高信頼性組織の条件―不測の事態を防ぐマネジメント　生産性出版

Pitcher, G. O., & Poland, S.　1992　*Crisis intervention in the schools.*　New York: Guilford Press.（上地安昭・中野真寿美（訳）　2000　学校の危機介入　金剛出版）

Roberts, K. H.　1992　Structuring to facilitate migrating decisions in reliability enhancing organization.　In L. Gomez-Mejia & M. W. Lawless (Eds.), *Advances in global high technology management: Top management and effective leadership in high technology firms* (pp. 171-192). Greenwich, CT: JAI Press.

Schonfeld, D.　2012　Adjustment over time in crisis, promoting mental health recovery in the context of a crisis.〈https://www.aap.org/en-us/about-the-aap/Committees-Councils-Sections/Council-on-Community-Pediatrics/Documents/

Schonfeld_Crisis.pdf〉

瀧野揚三　2006　学校危機への対応―予防と介入―　教育心理学年報，45，162-175．

瀧野揚三　2012　学校危機管理と学校心理士　日本学校心理士会年報，5，15-27．

Watkinz, M. D., & Bazerman, M. H.　2003　Predictable surprises: The disasters you should have seen coming.　*Harvard Business Review*, Vol. 81（March）．（西尚久（訳）　2003　ビジネス危機は予見できる　DIAMONDハーバード・ビジネス・レビュー，**28**(10), 64-75.）

Weich, K. E., & Sutcliffe, K. M.　2001　*Managing the unexpected: Assuring high performance in an age of complexity.*　San Francisco, CA: Jossey-Bass．（西村行功（訳）　2002　不確実性のマネジメント―危機を事前に防ぐマインドとシステムを構築する　ダイヤモンド社）

# 2 「子どもの心理危機」に対する援助サービス
―子どもの権利擁護の枠組みから―

● 1．子どもの権利擁護と行政機関の分類 ・・・・・・・・・・ ●

①子どもの権利の視点

　子どもの虐待，自殺未遂をはじめ，子どもの教育と福祉に関わる場面において「子どもの心理危機」にいかに対処するかに注目が集まってきている。子どもの心理危機への対応を検討するあたり，「子どもの権利」（権利擁護）をいかにして捉えるかが大切になる。

　子どもの権利とは，大人がつくった社会・国家が，差別，抑圧，虐待など，さまざまな形で子どもの人格を否定し，権利を侵害してきたことへの反省から生まれ，発見された概念である。子どもの権利は，大人よりも侵害されやすいものであることからも，子ども目線に立った権利擁護を考えていくことが求められている。

　特に，虐待などの理由で施設で暮らす子どもたちの多くは，家庭で十分な養育を受けることができず，「生きる権利」「育つ権利」「守られる権利」など，健やかな成長のために不可欠な権利を十分に保障されていない。

②「子どもの権利条約」の権利構造

　1989（平成元）年，第44回国連総会において「子どもの権利条約」が採択された。1989年の国連総会において採択され1990年に発効されている。日本は，5年後の1994（平成6）年，世界で158番目に批准している。18歳未満を「子ども」と定義し，子どもの生存，成長，発達の過程で特別な保護と援助に関す

る条項を規定したものである。条約は，前文および本文54条から成る。

　条文の本文は，締約国が負うべき義務を規定する第1部（第1条から第41条），主に「子どもの権利に関する委員会」に関する第2部（第42条から第45条），および条約の発効や改正条件等を定めた第3部（第46条から第54条）により構成されている。第1部の規定は，「生きる権利」「育つ権利」「守られる権利」「参加する権利」の4つの権利に分けられる。そして，ユニセフ[1]は4つの権利について以下のように述べている。すなわち，「生きる権利」とは，「子どもは防げる病気で命を失わないこと。病気やケガをしたら治療を受けられること」。また，「育つ権利」とは，「子どもは，教育を受け，休んだり遊んだりできること。考えや信じる自由は守られ，自分らしく育つことができること」。そして，「守られる権利」とは，「子どもは，あらゆる種類の差別や虐待，搾取から守られること。障害のある子どもは特別に守られること」。最後に，「参加する権利」とは，「子どもは自由に意見を表したり，集まってグループを作ったり，自由な活動を行ったりできること」である。

　これら4つの権利は，子どもの人権を考える際の基本理念と捉えることができる。すなわち，子どもの権利条約は，この基本理念を実行するための条項が規定されている「権利構造」であると整理できる（図2-1）。

　図2-1をみると，条項は「生存と発達の権利の条項」「守られる権利の条項」「参加する権利の条項」と3つから整理できる。そして，子どもに対する援助を検討する際には，「子どもの最善の利益」は何であるのかを検討することが最優先事項であるといえる。特に，権利侵害を受けている子どもにおいては，条約の理念に基づき権利擁護に向けた援助サービスを進めていくことが必要になる。

　子どもの権利条約の主な内容と特徴を4点からみていくことにする。

国際法上の約束
　第1の特徴は，国際法上の成文法である「条約」であるということである。条約となると法的拘束力が発生するため，実効性が強い。日本の場合，憲法よ

---

[1] 子どもの権利条約〈http://www.unicef.or.jp/about_unicef/about_rig.html〉

1．子どもの権利擁護と行政機関の分類　25

```
                        ┌─────────┐
                        │ 子どもの │
                        │  権利   │
                        └────┬────┘
        ┌──────────┬────────┼────────┬──────────┐
   ┌────┴────┐┌────┴────┐┌──┴─────┐┌─┴────────┐
   │生きる権利││育つ権利 ││守られる権利││参加する権利│
```

生きる権利	育つ権利	守られる権利	参加する権利
子どもは，防げる病気で命を失わないこと。病気やケガをしたら治療を受けられること。	子どもは，教育を受け休んだり遊んだりできること。考えや信じることの自由が守られ，自分らしく育つことができること。	子どもは，あらゆる種類の差別や虐待，搾取から守られること。障害のある子どもは特別に守られること。	子どもは，自由に意見を表したり，集まってグループを作ったり，自由な活動を行ったりできること。

⇒ 4つの基本理念

生存と発達の権利の条項	守られる権利の条項	参加する権利の条項
生命への権利，生存，発達の確保　－6条 施設等に措置された子どもの定期的措置　－25条 教育への権利　－28条 教育の目的　－29条	虐待などから保護　－19条 養子縁組　－21条 [特別な保護] 家族環境を奪われた子どもの保護　－20条 障害のある子どもの保護　－23条 法律に抵触した子どもの保護　－37，39，40条	子どもの意見の尊重　－12条 表現の自由　－13条 思想・良心・宗教の自由　－14条 結社・集会の自由　－15条 プライバシーの保護　－16条 情報の入手　－17条

⇒ 基本理念の実行における条項

子どもの最善の利益

「子どもに関するすべての措置を取るにあたっては，公的若しくは私的な社会福祉施設，裁判所，行政当局又は立法機関のいずれによって行われるものであっても，子どもの最善の利益が主として考慮されるものとする」と謳われている（世界子供白書，2010）。

「子どもの最善の利益」が，その権利保障のための基本的指導原理となっているといえるが，この場合，「その判断主体と手続きをどのようにとらえるかが重要となる」（牧，1990）。この課題に対して，親をはじめ子どもを支援する周りの大人が，真にその子どもにとって何が「最善の利益」であるのかということについて，子どもの意見を聞き（12条），その意見は最大限に尊重されることに留意しなければならないといえる。

⇒ 最優先検討事項

子ども実態に応じた，行政機関等の援助サービス

基本理念，基本理念を達成するための条項，そして「子どもの最善の利益」を考え，子どもの実態に応じた行政機関等の援助サービスを検討していく。

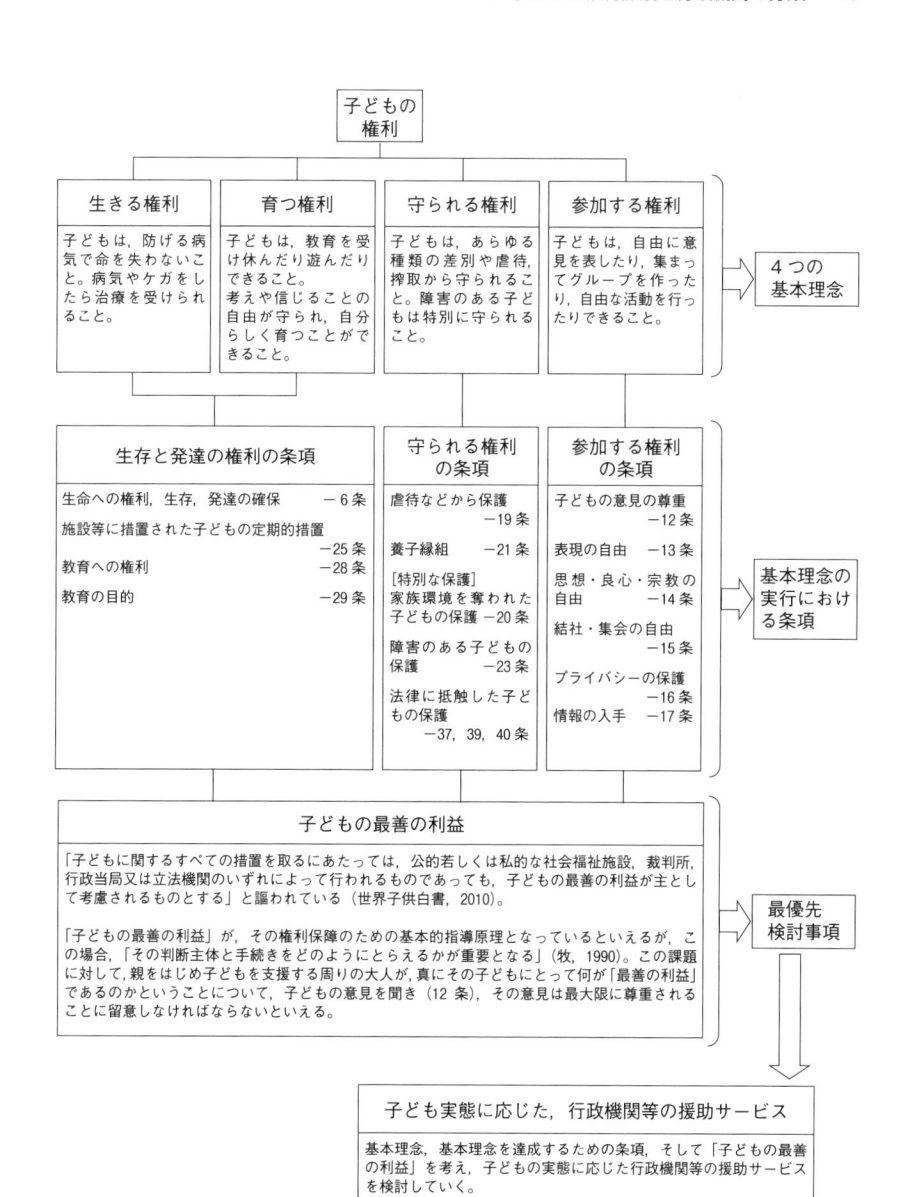

図2-1　子どもの権利条約の権利構造（小沼・山口，2014）

りは下位となるものの，他の各種法より上位に位置づけられ，条約の理念の実現に向けたあらゆる立法的，行政的措置を講ずることが義務づけられる。行政機関は条約を実施する義務を負っていることになる。

締約国には，条約批准後2年，以後5年ごとに，国内の進捗状況を国連「子どもの権利委員会」に対して報告する義務も課せられる。日本にはこれまで，1998（平成10）年，2004（平成16）年，2010（平成22）年の3回にわたり，子ども権利委員会からの勧告が示されている。

子どもを取り巻く環境に対する擁護

第2の特徴は，子どもを取り巻く環境に対する擁護の視点である。子どもの養育に関する第1義的責任，権利は親，保護者にあるとし，家族への援助を通して子どもの権利を保障している（第5条，第18条）。そしてまた，虐待や放任などにより権利侵害されている子どもや，家庭環境を奪われた子どもに対しては，国が特別の保護および援助を保障しなければならないとされている（第20条）。すなわち，家庭環境が機能していない場合や親が子どもの権利擁護を十分に行使できない場合には，家庭や子どもに対する援助サービスが必要になる。

子どもの意見表明

第3の特徴は，子どもを権利行使の主体として捉えていることである。子どもを特別な保護を受ける対象，さまざまな権利行使を享有している者と捉えるのみに留まらず，自らさまざまな権利を行使する主体として位置づけているところに特徴がある。

こうした特徴をよく表しているのが，第12条「意見表明権」である。

〈子どもの権利条約　第12条〉

1　締約国は，自己の意見を形成する能力のある児童がその児童に影響を及ぼすすべての事項について自由に自己の意見を表明する権利を確保する。この場合において，児童の意見は，その児童の年齢及び成熟度に従って相応に考慮されるものとする。
2　このため，児童は，特に，自己に影響を及ぼすあらゆる司法上及び行政上の手続において，国内法の手続規則に合致する方法により直接に又は代理人若しくは適当な

> 団体を通じて聴取される機会を与えられる。
> (外務省「児童の権利に関する条約」より)

　子どもの「意見表明権」は，年齢や成熟度によって相応に考慮されなければならないが，子どもに与えられている権利である。福田（1997）は，子どもの「意見表明権」の本質について3点から主張している。すなわち，第1に「意志決定過程に大人と対等に登場する人間主体としての当事者性を保障する権利」，第2に「自己の存在をそのまま認めてもらえるような人間関係を保障してもらう権利，言い換えると居場所を保障してもらう権利」，第3に「自分らしくかつ他人や社会のためにも生きられるような人格へと成長発達する機会を保障してもらう権利」という3点である。つまり「意見表明権」は，子どもの抱えている問題に対して，子どもが自らの意見としてどうしたいのか，また，どうしてほしいのかということを，大人と対等な立場で主張する機会の保障を明記しているものである。

子どもの最善の利益
　第4の特徴は，条約の理念として，「子どもの最善の利益」の保障を打ち出している。子どもに関わるあらゆる事柄について，大人の都合で決めるのではなく，常に子どもの最善の利益に適うものであるのかを確認・吟味しなければならないといえる。その意味で，意見表明権（第12条）を実質化するものである。
　こうした特徴をよく表しているのが，第3条「子どもの最善の利益」である。

> 〈子どもの権利条約　第3条〉
> 1　児童に関するすべての措置をとるに当たっては，公的若しくは私的な社会福祉施設，裁判所，行政当局又は立法機関のいずれによって行われるものであっても，児童の最善の利益が主として考慮されるものとする。
> （2項及び3項省略）
> (外務省「児童の権利に関する条約」より)

　「子どもの最善の利益」は，第3条をはじめ権利条約の7箇所で明示的に記述されている。すなわち，条約の総則的規定（第3条），親子関係と家庭環境に

関する規定（第9条，第18条，第20条，第21条），少年司法手続きに関する規定（第37条，第40条）の7箇所である。この中の第3条をみると，子どもの抱えている問題に対して，「社会福祉施設，裁判所，行政当局又は立法機関のいずれによって行われるものであっても，児童の最善の利益が主として考慮される」と規定されている。つまり，「子どもの心理危機」に対して，あらゆる角度から検討することを，援助サービスを展開する行政機関に課したものといえる。そして，「子どもの最善の利益」を考慮して援助サービスを検討する際には，子どもを権利行使の主体として捉える必要があり，子どもが主張した意見（「子どもの意見表明権（第12条）」）に配慮することが重要であるとされている。

堀尾（1992）は，「子どもの最善の利益」と「意見表明権」の関係について，「子どもの最善の利益というその原理，そしてだれがそれを判定するのかという問題とかかわって，子どもこそ自分の意見を言うべきだろう。さもないと子どもの意見を尊重することなしに，『子どもの最善の利益』という言葉だけが一人歩きして，自分たちがやっているのが子どもの最善の利益だということになりかねない。それに対する大きな歯止めとして意見表明の権利というものが位置づいている」と述べている。すなわち，「子どもの心理危機」に対応する際には，子どもの意見を捉えた上で，「子どもの最善の利益」を実現できるような適切な機関での援助サービスが求められているのである。

③「子どもの心理危機」に対応する行政機関について

「子どもの心理危機」に対応していくためには，行政機関の役割と機能について理解していることが重要になる。援助サービスを実施する行政機関は，「教育関係機関」「福祉関係機関」「保健・医療関係機関」「司法・矯正関係機関」に分類できる（図2-2）。

この分類については，子どもの権利条約第3条において「社会福祉施設，裁判所，行政当局又は立法機関のいずれによって行われるものであっても，児童の最善の利益が主として考慮される」とあり，本条でいう社会福祉施設は，分類でいう「福祉関係機関」「保健・医療関係機関」に対応して捉えることができ，裁判所は，「司法・矯正関係機関」に，行政当局は「教育関係機関」をはじめと

した，公共の機関として位置づけることができる。以下で，分類を行った行政機関ごとに，想定される援助サービスについて整理していくことにする。

「教育関係機関」は，例えば「不登校」「いじめ」などといった問題に援助サービスを展開していくことを目的としている。「不登校」は子どもの人権を侵害しており（第28条），「子どもの最善の利益」に即した援助サービスを検討していくことが求められる。

「福祉関係機関」は，例えば「虐待」「家庭環境」などの問題に福祉の観点から対応していくことを目的としている。「虐待」に関していえば，子どもをあらゆる虐待（身体的・心理的・性的・ネグレクト）から保護することが明記されている（第19条）。そしてまた，養子縁組（第21条）の援助サービスを検討する際にも，福祉関係機関の機能と役割を捉えることが重要になる。

「保健・医療関係機関」は，例えば「発達障害」「虐待」などの問題に保健・医療の観点から対応していくことを目的としている。「発達障害」に関しては，障害のある子どもにおいても，「尊厳」「自立」「参加」の原則のもとで，「十分かつ人間に値する生活」を送るべきであるということが明記されている（第23条）。

「司法・矯正関係機関」は，例えば非行行為を犯して，児童相談所や家庭裁判所，そして少年院などへ送致された子どもに対して，司法や矯正の観点から援助サービスを展開していくことを目的としている。子どもの権利条約の第40条で規定されている「少年司法」では，1項で非行を犯した子どもについて，

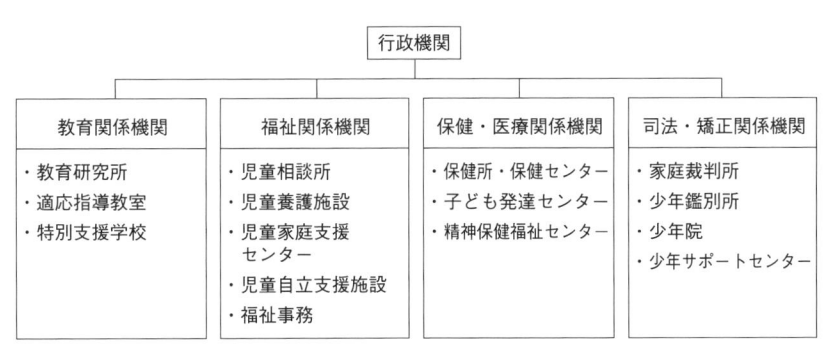

図2-2　援助サービスを展開する行政関係機関の分類

行政機関

教育関係機関	福祉関係機関	保健・医療関係機関	司法・矯正関係機関
・教育研究所 ・適応指導教室 ・特別支援学校	・児童相談所 ・児童養護施設 ・児童家庭支援センター ・児童自立支援施設 ・福祉事務	・保健所・保健センター ・子ども発達センター ・精神保健福祉センター	・家庭裁判所 ・少年鑑別所 ・少年院 ・少年サポートセンター

司法のもとで向き合う原則を示している。そして2項では，非行の再犯防止のための措置をとることが求められている。加えて第39条では，「……身体的及び心理的な回復及び社会復帰を促進するためのすべての適当な措置をとる」と，子どもの心身の回復と社会復帰について規定している。

　子どもの抱えている問題には，さまざまな行政関係機関が関わってくる。そこで以下では，行政機関ごとに個々の施設に焦点をあてて，その役割と機能について述べていく。

● 2．各行政関係機関の役割と機能について ●

①教育関係機関
教育相談所

　教育相談所は，教育委員会が管轄している施設である。多くの場合，教育センターなどにおける一事業として，教育相談事業を進めている。教育相談の研修にも携わり，また，学校と有機的に連携しやすい立場にある。不登校，いじめ，非行，発達障害など，子どもの教育に関連するさまざまな問題に関して，子ども，保護者，学校を援助する。電話相談，来所相談を中心に進めている（山口，2005，p.35）。

適応指導教室

　適応指導教室（教育支援センター）とは，不登校児童生徒の集団生活への適応，情緒の安定，基礎学力の補充，基本的生活習慣の改善等のための相談・適応指導（学習指導を含む）を行うことにより，学校復帰を支援し，もって不登校児童生徒の社会的自立に資することを目的としている（文部科学省，2003）。

特別支援学校

　特別支援学校とは，学校教育法に基づき都道府県に設置義務のある学校で，2007（平成19）年4月より，障害の種類別に設置されていた盲学校・聾学校・養護学校が，制度的に一本化されてできた学校である。設置にあたっては，これまでの盲学校などのように特定の障害に対応した単独型の学校や，複数の障

害に対する教育を行う併設型の学校，知的障害，視覚障害等，5種別すべてを対象にする総合型の学校など，地域の実情等に応じて弾力的な対応が可能となる。また，特別支援学校においては，地域の小・中学校が必要とする特別支援教育に関する情報等を幅広く発信するなどの，センター的役割を果たすことを目的としている（国立教育政策研究所生徒指導研究センター，2011）。

②福祉関係機関
児童相談所

　児童相談所とは，児童福祉法のもとで，児童（主として18歳未満）についての諸問題に対する相談を受け，問題の本質，周囲の状況などを的確に把握し，適切な処遇方針を立て，児童の福祉を図っている行政機関である。

　児童相談は，すべての児童（18歳未満）に関するあらゆる相談に応じる行政機関である。児童相談所は，相談調査，診断指導，措置，一時保護の諸機能があり，次のような業務を行っている（松原，1996，pp.68-69）。

①子どものあらゆることがらについて，家庭その他からの相談に応じる。
②子どもおよびその家庭について，必要な調査ならびに医学的・心理学的・教育学的および社会学的見地から診断を行い，その調査，診断に基づいて対応する。
③状況に応じて児童福祉施設に入所措置，または里親等に委託して子どもの健全な育成を図る。
④緊急に子どもの保護を要する場合等に，子どもを一時的に保護する。
⑤発達の遅れや何らかの問題行動のある子どもに，必要に応じて個別または集団で定期的な訓練，指導等を行う。
⑥必要に応じて巡回相談，訪問相談を行う。
⑦里親を希望する方の相談を受ける。

児童養護施設

　児童養護施設とは，児童福祉法に基づき設置されている児童福祉施設の一つで，予期できない災害や事故，親の離婚や病気などにより保護者がいなくなった児童（原則として乳児を除く），虐待されている児童その他環境上養護する

ことが必要な児童を入所させて、これを養護し、あわせて、退所した者に対する相談その他の自立のための援助を行うことを目的としている（国立教育政策研究所生徒指導研究センター，2011）。

> 〈児童福祉法　第41条〉
> 　児童養護施設は、保護者のない児童（乳児を除く。ただし，安定した生活環境の確保その他の理由により特に必要のある場合には，乳児を含む。以下この条において同じ。），虐待されている児童その他環境上養護を要する児童を入所させて，これを養護し，あわせて退所した者に対する相談その他の自立のための援助を行うことを目的とする施設とする。

児童家庭支援センター

　児童家庭支援センターとは，児童福祉法に基づき設置された相談機関で，児童心理療法施設，児童養護施設，児童自立支援施設，母子生活支援施設，乳児院に附設されている。児童相談所などの行政機関と連携しながら，子どもや保護者，地域の住民から，18歳未満の子どもに関する不登校や児童虐待，その他学校や家庭，地域における悩みなどさまざまな相談を24時間365日体制で受け付けることを目的としている（国立教育政策研究所生徒指導研究センター，2011）。

> 〈児童福祉法　第44条の2〉
> 　児童家庭支援センターは、地域の児童の福祉に関する各般の問題につき，児童に関する家庭その他からの相談のうち，専門的な知識及び技術を必要とするものに応じ，必要な助言を行うとともに，市町村の求めに応じ，技術的助言その他必要な援助を行うほか，第26条第1項第2号及び第27条第1項第2号の規定による指導を行い，あわせて児童相談所，児童福祉施設等との連絡調整その他厚生労働省令に定める援助を総合的に行うことを目的とする施設とする。

児童自立支援施設

　児童自立支援施設とは，児童福祉法および児童福祉法施行令に基づき国および都道府県，政令指定都市に設置された児童福祉施設の一つである。「不良行為をなし、又はなすおそれのある児童及び家庭環境その他の環境上の理由により生活指導等を要する児童」を入所させるなどして，個々の子どもの状況に応

じて必要な指導を行い，その自立を支援することを目的としている（国立教育政策研究所生徒指導研究センター，2011）。

児童自立支援施設では，家庭的な雰囲気のもとで子どもの立ち直りを支援するため，「小舎夫婦制」と呼ばれる処遇形態がとられることが多い。これは，実際の夫婦である職員が，父親，母親のように少人数の子どもの処遇を行うものであるが，負担が大きいことから交代勤務制をとるところもある。職員としては，児童の自立支援を行う「児童自立支援専門員」，児童の生活支援を行う「児童生活支援員」，委託医，精神科の診療に相当の経験を有する医師または委託医，個別対応職員，家庭支援専門相談員，栄養士，調理員，心理療法担当職員の配置が定められている（「設置運用基準」第80条）。このうち，児童自立支援専門員，児童生活支援員の総数は，子ども4.5人に対し1人以上とされている。

〈児童福祉法　第44条〉
　児童自立支援施設は，不良行為をなし，又はなすおそれのある児童及び家庭環境その他の環境上の理由により生活指導等を要する児童を入所させ，又は保護者の下から通わせて，個々の児童の状況に応じて必要な指導を行い，その自立を支援し，あわせて退所した者について相談その他の援助を行うことを目的とする施設とする。

福祉事務所

福祉事務所とは，社会福祉の総合的な行政機関である。経済的に生活が困難な人，一人親家庭，高齢者，身体障害者，知的障害者への援護，育成や更正を行っている。施設入所や在宅生活が行えるよう処置援助を担当する（山口，2005，p.36）。

③保健・医療関係機関
保健所・保健センター

保健所・保健センターとは，地域保健法に基づき，都道府県，政令指定都市，中核都市その他指定された市または特別区が設置することと定められている。生活環境安全などの分野における地域住民の健康や衛生を支えることを目的としている（国立教育政策研究所生徒指導研究センター，2011）。

子ども発達センター

　子ども発達センター（療育機関）とは，運動・言葉・情緒などの発達に支援が必要な子ども（就学前）に，一人ひとりの発達に応じた個別プログラムを通して発達支援を行っていくことを目的としている（千代田区立子ども発達センター，2012）。

精神保健福祉センター

　精神保健福祉センターとは，「精神保健及び精神障害者福祉に関する法律」に基づき，都道府県および政令指定都市が設置することと定められている施設で，精神障害者に関する相談業務，社会復帰施設の運営や啓発事業の実施など精神保健福祉全般に関する相談を行うことを目的としている（国立教育政策研究所生徒指導研究センター，2011）。

④司法・矯正関係機関
家庭裁判所

　家庭裁判所とは，非行少年の調査・審査を行う少年事件と，家族の問題に関して調停・審判を行う家事事件を扱っている。その中で，学校と家庭裁判所が連携をとることが多いのは少年事件である。1949（昭和24）年に少年法施行に基づいて発足したもので，社会の防衛という役割とともに，少年の健全育成という目標があり，成人の刑事事件とは異なり，教育・福祉的な側面を有している。家庭裁判所には，人間関係諸科学（心理学，教育学，社会学等）の研修を受けた家庭裁判所調査官等の職種が置かれていて，少年の資質，生活状況，家庭環境などの調査・調整を行っている。その調査結果等に基づいて，裁判官が最終的な決定をすることになる。なお，審判（成人の裁判に当たる）は非公開であり，調査・審判の過程を通じて，秘密の保持が貫かれている（松原，1996，pp. 73-74）。

　少年事件の対象となる少年については，少年法第3条によって定められ，次のように分けられている。

①犯罪少年

　14歳以上20歳未満の罪を犯した少年。家庭裁判所に係属する少年事件の多

くがこれに属する。

②触法少年

14歳未満の刑罰法令に触れる行為をした少年で，都道府県知事や児童相談所からの送致があった場合。

③虞犯少年

次に挙げる事由があって，その性格または環境に照らして，将来罪を犯す虞のある少年。（イ）保護者の正当な監督に服しない性癖のあること。（ロ）正当な理由なく家庭によりつかないこと。（ハ）犯罪性のある人もしくは不道徳な人と交際し，またはいかがわしい場所に出入りすること。（ニ）自己または他人の徳性を害する行為をする性癖のあること。

少年鑑別所

少年鑑別所は，少年法，少年院法に基づき，家庭裁判所の決定によって，適正な調査や審判を行うために少年の身柄を保全し，医学・心理学・社会学等その他の専門的知識に基づいて，少年の心身の鑑別や行動観察を行いながら少年を保護する法務省所管の施設である。年齢は，14歳以上20歳未満の罪を犯した少年（犯罪少年），罪を犯す虞のある少年（虞犯少年）および14歳未満で刑罰法令に触れる行為をした少年（触法少年）であり，裁判官の決定により収容して（最高4週間，平均3週間）診断し，資料を作成する。

収容期間中に，鑑別所の専門官は面接や各種のテストを実施し，かつ，家庭裁判所調査官の行う社会調査などを参照しながら，各少年の資質上および処遇上の問題点，処遇指針を総合的・科学的に明らかにして，家庭裁判所に通知し家庭裁判所の少年に対する審判および処遇の参考にしている（収容鑑別）。また，少年鑑別所では，在宅事件の少年の鑑別（在宅鑑別），関係諸官庁からの鑑別（依頼鑑別）の他，地域社会への貢献の立場から，一般市民をはじめ学校等の関係機関からの相談にも応じている（一般鑑別）（松原，1996，pp.75-76）。

少年院

少年院とは，家庭裁判所から保護処分を命じられた非行少年（いわゆる犯罪少年を中心に，必要度の度合いによって虞犯少年，触法少年をも含む）を収容

し，矯正教育を授ける国立の施設・機関である。目的は，少年保護の観点から収容された少年の一人ひとりの非行原因をつきとめ，少年自らその非行原因を取り除くよう自覚させ，そうすることによって少年の自主性を育み，社会への健全復帰を可能にする点にある（少年法第1条，第3条）。

　少年院は，対象少年に処遇を行えるよう，少年院法による初等，中等，特別，医療の4種類ある。①初等少年院は心身に著しい故障のない14歳以上おおむね16歳未満の者を収容する。②中等少年は心身に著しい故障のない16歳以上おおむね20歳未満の者を収容する。③特別少年院は心身に著しい故障はないが，犯罪的傾向の進んだ，おおむね16歳以上23歳未満の者を収容する。④医療少年院は心身に著しい故障のある14歳以上26歳未満の者を収容する（松原, 1996, pp.79-80）。

少年サポートセンター

　少年サポートセンターとは，少年が罪を犯して検挙される前段階で関わる警察の施設である。20歳未満の少年についての相談，街頭での補導，非行問題等を抱える少年に対し継続的に関わり，立ち直りを支援する活動などの他，講演など各種広報活動等を行う。また，被害を受けた少年の精神的ダメージを軽減するための面接等による支援を行うことを目的としている（千葉県警察少年センター, 2013）。

　このように，行政機関ごとに個々の施設に焦点をあてて，その役割と機能についてみてきた。「子どもの心理危機」に的確に援助サービスを展開していくためには，さまざまな行政機関がいかにして「マネジメント」できるかが重要になる。そこで以下の章では，「子どもの心理危機」に対して，関係機関がいかにマネジメントしていくか，事例を通して検討していくことにする。そうすることによって，行政機関相互の「連携」が機能する要因を浮き彫りにすることができ，援助方略のモデルとなろう。

引用・参考文献
　千葉県警察少年センター　2013　リーフレット「千葉県警察少年センター」

千代田区立子ども発達センター　2012　リーフレット「さくらキッズ」
福田雅章　1997　「子ども期の喪失」を克服するための法理―「子どもの権利条約市民・NGO報告書」の作成を終えて―　一橋論叢，118(4)，607-610.
外務省　2014　児童の権利に関する条約〈http://www.mofa.go.jp/mofaj/gaiko/jido/zenbun.html〉
堀尾輝久　1992　人権と子どもの権利―子どもの権利条約にちなんで　日本教育法学会年報，12，29.
国立教育政策研究所生徒指導研究センター　2011　「学校と関係機関等との連携―学校を支える日々の連携」生徒指導資料第4集
小沼豊・山口豊一　2014　行政機関の援助サービスにおける「連携」について―子どもの権利条約を通じて―　跡見学園女子大学文学部紀要，49，31-46.
牧柾名　1990　「子どもの人権」討論のまとめ（シンポジウム）　ジュリスト，963，81-83.
松原達哉（編）　1996　教職研修総合特集 No.128　スクール・カウンセリング読本　教育開発研究所
文部科学省　2003　文部科学省初等中等教育局長通知「不登校への対応のあり方について」　2003年5月16日付
田村節子　2005　援助チームの作り方・進め方　石隈利紀・田村節子・山口豊一（編著）　チーム援助で子どもとのかかわりが変わる―学校心理学にもとづく実践事例集―　ほんの森出版　pp.14-24.
ユニセフ（国連児童基金）　2010　世界子供白書　特別版　財団法人日本ユニセフ協会（ユニセフ日本委員会）
山口豊一　2005　チーム援助の実践に向けて　石隈利紀・山口豊一・田村節子（編著）チーム援助で子どもとのかかわりが変わる―学校心理学にもとづく実践事例集―ほんの森出版　pp.35-36.

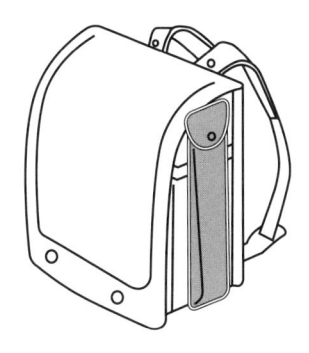

3 市役所を中心とした支援ネットワーク
―福祉を中心とした関係機関―

■ 事例の概要

本章では母親の一時的な機能不全によって，1人になってしまったA君の保護施設収容をめぐって各関係機関が対応した1章の事例を詳細に検討していく。

母親には精神疾患の持病があり，定期的に大学病院の精神科に通院し面接や投薬治療を受けていた。ある日，母親は，生活支援センターでの面談中に発作を起こして大学病院の精神科に緊急搬送されたことにより，A君のことを心配して，看護師を通じて学校へ連絡が入った。A君の母親の実家は，現在暮らしているアパートからは電車で2時間ほどかかる遠方にあった。母子家庭であるため，A君は1人きりになってしまうことになり，A君の保護を優先とする関係機関の援助サービスを展開した。

■ 関わった機関

福祉関係機関：市役所の福祉課
医療関係機関：大学病院
教育関係機関：小学校
その他（福祉関係機関）：生活支援センター（市委託のNPO）

■ 子どもの権利から

子どもが家庭的な環境で生活できないという状況は，「守られる権利」を侵害しているといえる。「子どもの権利条約」第20条は，親または法定保護者による家庭的環境での養育が行われない子どもが，国により確保される代替的養護に特別の保護および援助を受ける権利を有することを規定している。第20

条は，主に虐待を受けた子どもの保護を目的としているが，本事例のように一時的に家庭環境が奪われた場合においても関わってくるものである。

親および法定保護者は，第18条1項により子どもの最善の利益を実現すべき第1次的責任を有している。しかし，親および法定保護者がこの責任を果たすことができないか，またはこれらの者に養育させることが反対に子どもの最善の利益を害する時には，家庭に代わる環境での子どもの養育が確保されなければならない（第9条）。

参考条文
第20条（家庭環境を奪われた子どもの保護）
1 一時的若しくは恒久的にその家庭環境を奪われた児童又は児童自身の最善の利益にかんがみその家庭環境にとどまることが認められない児童は，国が与える特別の保護及び援助を受ける権利を有する。
2，3（省略）

第18条（親の第1次的養責任と国の援助）
1 締約国は，児童の養育及び発達について父母が共同の責任を有するという原則についての認識を確保するために最善の努力を払う。父母又は場合により法定保護者は，児童の養育及び発達についての第一義的な責任を有する。児童の最善の利益は，これらの者の基本的な関心事項となるものとする。
2，3（省略）

第9条（親からの分離禁止と分離のための手続）
1 締約国は，児童がその父母の意思に反してその父母から分離されないことを確保する。ただし，権限のある当局が司法の審査に従うことを条件として適用のある法律及び手続に従いその分離が児童の最善の利益のために必要であると決定する場合は，この限りでない。このような決定は，父母が児童を虐待し若しくは放置する場合又は父母が別居しており児童の居住地を決定しなければならない場合のような特定の場合において必要となることがある。
2，3（省略）

✚✚ Session 1　事例の概要 ✚✚

①母親の発作

　それは1本の電話からはじまった。学校の職員室に市役所の福祉課からあわてた声で連絡が入ったのは，子どもたちが学校から下校した直後だった。
　「A君を保護してください。お願いします」
　福祉課の職員の方から理由を聞いたところ，母親が生活支援センターに行っている最中に発作を起こして病院に運ばれた，ということであった。
　A君は母親と2人暮らし。父親は，事件を起こして服役したことをきっかけに，A君が入学する前に母親とは離婚している。母親の実家は，現在暮らしているアパートからは電車で2時間ほどかかる遠方にあり，そう簡単には頼れない状況にあるため母親に何かあるとA君は1人きりになってしまうのであった。母親には精神疾患の持病があり，定期的に大学病院の精神科に通院し面接や投薬治療を受けていた。さらにアルコール依存症の傾向があり，飲酒量は1日2～3リットルということであった。そうした状況から生活保護を受けていた母親だが，現在の生活を改善するために市役所の福祉課に生活相談すると同時に生活支援センターにも通いながら就職支援を依頼していた。実は，この数週間前から出所した前夫が頻繁に接触してきており，そうしたことが母親のストレスを高め精神的に不安定な状況に追い詰めていたらしい。生活支援センターでの面談中に発作を起こして大学病院の精神科に緊急搬送された際に，帰宅直前のA君のことを心配して連絡するように看護師さんを通じて頼んだのが，学校への電話の端緒だったのである。

②A君の保護

　連絡を受け，担任はすぐさま下校途中のA君を学校に連れ戻した。しかし，母親が緊急搬送された状況ではその後どうしたらよいか判断できず，午後3時前にA君を学校に連れ戻してからは，校庭で遊んだり図書室で本を読んだりさせながら，市役所の福祉課からの連絡を待つことにした。やがて福祉課の職員が来校して対応を協議しはじめたのが午後4時過ぎのことであった。幸いにも

来校した福祉課の職員は，別の事案でも担任教師とは連携したことがあったので，スムーズに協議を進めることができた。協議では母親の病状と今後の対応について，特にA君のその後の生活について打ち合わせをしなくてはならなかった。母子家庭であるために母親がいない状況では，A君を部屋に1人で置くわけにもいかないし，それ以前に神経質な母親はA君に鍵も持たせておらず，アパートの管理人の所在もわからない状況だったので室内に入ることすらできなかった。彼はどうやって今晩過ごせばいいのか，それが喫緊の課題であった。その間にも福祉課の職員は，本庁職員や大学病院，生活支援センターと連絡を取りながら現在の状況や母親の回復の見通しなどについて確認し続けていた。

「どうやら今日はお母さんが，一晩だけ短期入院ということになりそうです」

大学病院からの母親に対する処置の決定が伝えられたのは，午後5時を過ぎてからであった。

〈Question 1：アセスメント　問題状況の把握〉

母子家庭のA君。母親の急な発作から1人ぼっちで過ごさなければならなくなった。

この時，A君の危機を救うために考えなければならないことはどんなことが挙げられるだろうか。

（解答例）
- A君のその日の過ごし方。特に，食事や宿泊はどうするか。
- 翌日の学校への登校はどうするか。着替えはどうするのか。
- 母親の入院準備や日常生活をどうするか。
- 唯一の保護者である母親が入院してしまい，家にいなくなったA君の保護は誰がどのようにすればいいのだろうか。

など。

〈Question 2：関係機関との関わり〉
　この事例の場合，どのような関係機関との関わりが考えられるだろうか。

―――――――――――――――――――――――――――――――――
―――――――――――――――――――――――――――――――――
―――――――――――――――――――――――――――――――――
―――――――――――――――――――――――――――――――――

✚✚ Session 2　対　　応 ✚✚

①保護施設への短期入所
　「A君は今晩どうしたらいいんですか」最も気になるのはそこである。
　「お母さんの実家とも連絡が取れず，今，福祉課の方で探しています」
　そんなやりとりをしていてまもなく，短期入所をさせてくれる保護施設が見つかったという連絡が入った。とりあえず今晩は泊めてくれるらしい。だが，翌日のことを考えるとA君の着替えのことや明日以降の生活のことなど不安の種は尽きない。だが，悩んでいる時間的な余裕はそれほどあるわけではなかった。
　下校途中，急きょ学校に連れ戻されてから3時間になろうとしており，図書館などで時間を過ごす彼の不安は高まるばかりであった。着替えは，学校の保健室で用意し，担任と夕食を済ませて保護施設で福祉課の職員と落ち合うことを決め，職員は本庁に一度帰ることになった。担任はA君に対して，母親の入院のこと，実家と連絡が取れないこと，今晩泊めてくれる施設にこれから行くこと，などを告げた。これまでも母親の病態に触れることがあったA君は，黙ってうなずきながら話を聞いていた。
　それから1時間後。保護施設に行ったA君と担任は，福祉課の職員2名とともに，彼を無事に入所させることができたのである。翌朝，A君は福祉課の職員の車に乗せてもらって笑顔で登校することができた。やがて，母親の実家と連絡が取れて，祖父が身の回りの世話をしてくれることになり関係者一同もほっとすることができたのであった。

では次に，A君の援助サービスに関わった関係機関の関わり方を捉えていくことにする。

②事例にみる関係機関の連携

このA君の事例を，A君一家の抱えた困難を支えた多くの機関との関わり方をもとに考えていこう。母子家庭であり疾病を抱えているために働くことができない母親とA君一家の生活を支えているのは生活保護の制度であり，市役所福祉課の生活全般にわたる支援だった。福祉課の職員は，支援を行いながら母親の悩み相談にも乗ってあげていた。生活の支援を行うとともに，生活の指導や子育てについてのアドバイスなど具体的で細かいやりとりを続けることで母親はどれほどの安心感を得たことだろう。

母親のアルコール依存症の治療は大学病院で行い，投薬やカウンセリング，時には入院という手立てをとって治療にあたっていた。その治療の経過については，母親自身が福祉課職員に伝えていたが，職員からも大学病院に連絡を取り対応の在り方などについて情報交換をしていた。

治療のかいもあって一時期容体が安定してきた時，母親は自分の生活改善や治療の一環として，少しずつ外に出て働きに行きたいと考え，職員に相談した。それを受けNPO法人が運営する生活支援センターにも母親は出かけていきながら就職先を探すことになった。そうした生活支援センターの存在を母親に教えて通所の手助けをしたのも福祉課の職員の配慮だった。また，今回のように母親の体調を考えるとどこで何が起こるかわからない。そのため，職員が仲介者となり，適宜大学病院の主治医や看護師，精神科の相談窓口担当職員と生活

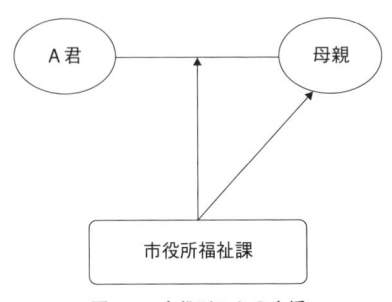

図3-1　市役所からの支援

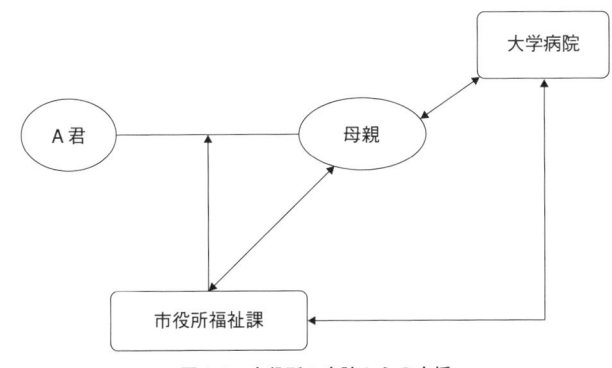

図3-2　市役所＋病院からの支援

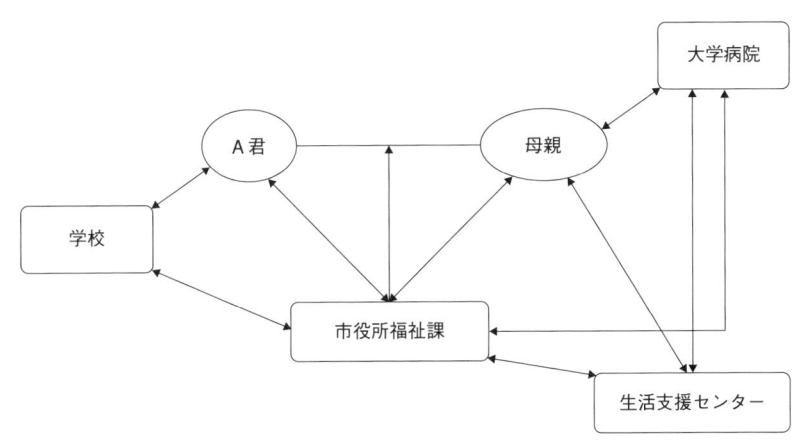

図3-3　市役所＋病院＋支援センター＋学校からの支援

支援センターの担当者とを交流させることによって，支援チームの形成に寄与していた。
　一方，A君は学校に通学することで学習や生活の場として，一日の大半を過ごしている。学校生活を楽しく送れていることでA君の行動は落ち着いており，それが母親に伝わることで救われている面も少なくはなかったと思われる。今回のケースでも学校に連絡が来たのは職員からの一報だったが，それに対応して動いた学校の職員についてきたA君には，学校への信頼感があったと思われる。学校の職員と福祉課の間では，それまでもいくつかの特殊な事情を抱えた児童生徒の対応を通じて信頼関係があった。そして，学校から施設に向かって

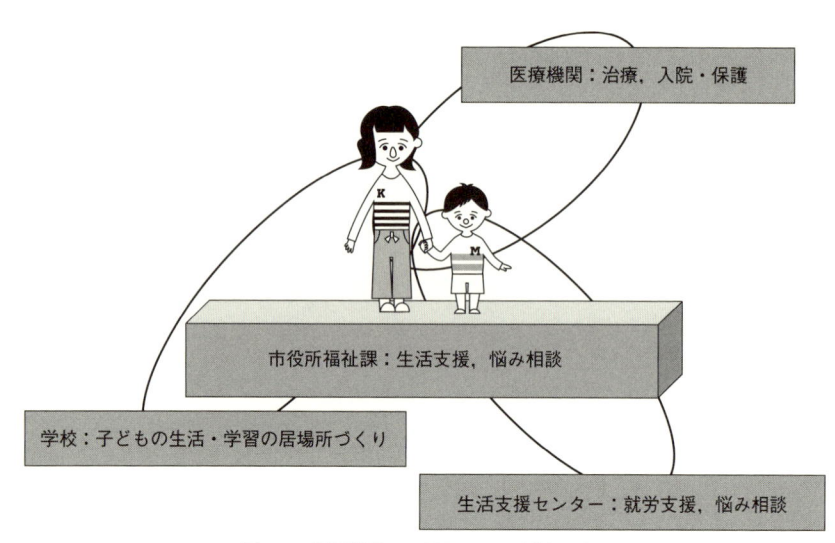

図3-4 関係機関のA君母子への支援モデル

いく時のA君の心情を考えると，福祉課と学校の職員と一緒に行動することで，不安でいっぱいだったはずのA君にとっては心強かったと思われる。

こうした関係機関がA君と母親を支援している様子を図解したのが図3-4である。これによると，支援は大きく4つの機関によって行われていることがわかる。

今回のA君の保護はこうした4つの機関の連携によってなされたのである。このような連携を形づくったベースになったのは市役所福祉課であった。福祉課という行政機関が，母親への支援を行うといういわば業務を行うことの一環として，その支援の範囲を，医療機関としての大学病院，NPO法人の生活支援センター，教育機関である学校へと広げていった。その結果，もしかしたら自宅にも入れず途方に暮れていたかもしれないA君を守ることができたのだ。緊急事態にもかかわらず，無事に保護できたのは福祉課のファインプレーといえよう。

日常的にこうした保護措置が必要な生徒は，相当数に上っていることが想像できる。ところが，そうしたニーズに対しては，このA君の事例のように上手くいくとは限らない。あるいは，A君のようにお母さんが急病で倒れた時に保

護してもらえたのは，ほんの偶然のできごとかもしれないのだ。児童生徒が抱える危機は，こうした支援の機会が偶然に左右されるかもしれないほどの危うさの中にあることなのかもしれない。学校の危機とは，まさに「日常の，すぐそこにある危機」なのである。

③危機と予防行動

この事例を眺めてみると，父親不在の中，母親の突発的な発作に伴う病態の急変による生活基盤の不安定さなど，彼を取り巻く環境要因の大きな変動は，A君に本来保障されているはずの権利を侵害していることに気づく。ユニセフを中心とした国連の機関が「子ども」の権利保護を成文化して明示し，これを保護しようとしたということは，逆説的にいうと，子どもの権利とはそれほど侵害されやすいものだということでもあるのだ。子どもの権利を保護する最初の存在は，親であり家庭である。ところが，その家庭が権利侵害の場になっているという悲劇的な状況が増えてきている。そんなさまざまな事情から家庭が子どもを守れなくなってきている今日の状況の中，その役割は行政が担うことが求められてきているのだ。

関係機関の中で最も子どもたちの近くにいるのが，学校という組織である。親が子どもに教育を受けさせる義務を有する年齢にある場合，子どもたちは学校に通学する。一日の大半を学校で多くの児童生徒や教師と過ごすことになり，長い時間，生活の場を共有する中で子どもたちを守っていくことが，学校という機関に託された使命でもある。

④学校における予防行動

危機に囲まれている子どもたち。学校の中での児童生徒の危機といった時，友人関係の問題，いじめ，非行，などがイメージできるが，その危機にどのように対応していけばよいのだろうか。

危機に対する対応の仕方について，前出（第1章）のように瀧野（2011）はリスク・マネジメントとクライシス・マネジメントに分けている。リスクを低減しようとする予防的な対応行動と，危機的な状況が起こった後の対応行動について，分けて考えようとするものだ。学校という教育機関の現状を考えてみ

ると，これまではどちらかというと，予防的な対応にのみ追われていたような気がする。もちろん児童の安心安全を預かる学校において予防の意識は大切である。事件や事故は起きないにこしたことはないのだから。ところが，万全の準備をしていたとしても，不意に襲ってくるのが事件や事故の怖いところ。とても完全に防ぎきれるものではない。そのため，万が一，事件や事故が起こった後の対応についても考えておくことはとても重要であると思われる。

　その際に，学校がとるべき予防行動として大きなポイントとなるのが，校内における危機管理システム・チームの構築である。子どもたちの日常的な行動観察や，後述するアセスメントの実施などに関する情報を，担任や養護教諭など一部の人間のみが管理するのではなく多くの職員で情報共有する経路や方法をシステムとして構築しておくことが，後に起こりうる重大なアクシデントを予防することにもつながる。こうした職員間の情報共有があってこそ，必要なアドバイスや対応を総括的に取りまとめる校内委員会や生徒指導チームといった，危機に対応するチームの機能がより発揮されるのである（校内のチームによる支援については第5章以降において詳述する）。

⑤衝撃の段階における予防行動の在り方

　学校における危機対応において，特に重要であると考えられる衝撃の段階の行動を，ピッチャーとポランド（邦訳2000）は，次のように示している。

1：即時に危機を抑制するための行動を開始する。
2：いったん危機が抑制された段階で，状況をすばやくアセスメントする時間をとる。
3：プランの立案・決定をする。不適切な対応によってもたらされる結果を提示する。
4：照会・予後調査をする。対応システムを再検討し，将来，そのような状況が起こった場合に，どのように対処するかに関して現実的なプランを立てる。

　A君の事例においては，時々刻々と変化する危機的な状況の中で，この第1

次予防行動が適切にとられている。そこで，A君にとっての危機とは何だったのかを改めて考えながらそれに対する行動の実際を考察してみよう。

1：危機の抑制

A君の場合には，母親が突然の発作を起こして自宅に帰ることができなくなったことにより，通常の生活が営めなくなってしまった。このままでは，その日の食事，寝る場所が確保できない。生きる権利や育つ権利が守られなくなっている。そこで，行政機関である市役所福祉課の職員が，善後策を講じるために，まず学校に連絡し，A君の安全を確保する。その後保護施設を探して一時的な避難場所を用意したのだった。母親の発作に端を発した，ひょっとすると連鎖的に発生したのかもしれない危機を抑制することにこぎつける。さらになんとか実家に連絡を取り付けたことも大きなポイントだろう。短期入所の措置から，中期的にA君の保護を行ってくれる縁者が見つかったことは本格的な危機抑制に向かう大きな一歩だったと考えられる。

2：アセスメント

市役所の福祉課が中心となったネットワークは，危機としての母親の発作が起きる前から，いわばリスク・マネジメントとしてつくられてきたが，危機発生後のクライシス・マネジメントを行う際もネットワークの中心として活動している。危機前の母親への関わりは，心身の状態のチェックをしながらも生活支援としての意味合いが強いものだった。それが，発作が起こった後は，病態をチェックしながら医療機関と生活に復帰できる状況を探るとともに，A君の置かれている状況を含め家族の状態を，学校をはじめ各機関から情報を集めて整理している。電話連絡や直接訪問してその後の対策を協議するなど，次の支援策を立てる意味からもアセスメントを効果的に行えるかということは支援のポイントとなる。

3：プランニング

A君は短期入所という処置をとることにより，休む場所や食事への心配はなくなったが，日常生活を確保するためには学校への通学を確保しながら母親の

回復を待つことが必要となる。そのため，学校と協力し学習の準備を最低限なもので済むように手配し，母親のための入院準備を実家の助けを借りながらはじめた。実際の生活に即した支援計画を立てて実践の中核にどこかの組織がいることはとても重要になる。全体的な計画のもとに個々の機関での対応が検討され計画されていく。いわば支援のネットワークの核になる機関がプランニングを担うことはとても重要である。個別の機関がそれぞれに支援計画を計画してもそれが十分に機能するためには，それぞれの機関の思いや計画などを調整し，アセスメントを行った上で実施することを重要度順や緊急度順などを勘案しながらプランニングしていくことが必要になってくる。この事例では中核を担った福祉課の職員を中心にしっかりプランニングされていた。

4：予後調査

状態が小康状態に戻ると，次の段階の対応を考えていかなければならない。衝撃の段階の末期ではあるもののその後の退却（後戻り）の段階，解決・調整の段階，危機以前の機能のレベルへの回復というステップを考えてみても，速やかな回復を図るためには予後への対応が欠かせない。母親が不在の間にA君に対して父親が接触を図ろうとしたり，生活に関して母親の実家との連絡を行ったりする場合の対応についても検討課題としてある。そうした諸問題に関しても福祉課と学校は緊密に連絡を取り続ける。学校の様子を連絡し，それを母親に伝えることで精神的な安定を図ることなど，予後のサポートにも対応することで，結果的に退却の段階をスムーズに切り抜けることができた。

⑧個人の危機に対応するネットワーク

個人の危機は，当該児童本人だけでなく，児童を取り巻く学級集団や学校，地域社会など広範囲に影響を及ぼし，多くの人間が心配したり事態収拾に向けて行動を起こす。

危機的な状況が広範囲に広がると，それに対応する行動もやはり広い範囲で必要になる。ネットワークで支援することが，リスク・マネジメント，クライシス・マネジメントの両方に必要なのである。担当する領域や機関の種類によって個別の支援は行われるのだが，それは相互に独立して計画されたとしても，

ネットワーク全体をマネジメントする担当者や部門は必要である。連絡調整して総合的に支援を行うことが臨床的な危機の乗り越えには不可欠なのだ。

危機介入には，（危機が起こる前から予後まで考えた上で）各段階に対する適切な行動をとるための組織的なネットワークによる支援と，臨床的な状況に即応できる体制をとっておくことが求められる。

✚✚ Session 3　事例にみる関係機関の連携 ✚✚

A君の事例から，関係機関との連携の在り方を考えてみよう。そこで，A君家族と関係機関との関わりをモデル化した。

　→は「関わり」を，□は，「関係機関」を表す。

〈Question 3：A君家族をサポートした関係機関〉

図3-5，図3-6の（　　　）の空所に，該当すると思われる関係機関の名称を記入しながら考えてみよう。

母子家庭であり疾病を抱えているために働くことができない母親とA君一家の生活を支えているのは生活保護の制度であり，市役所福祉課の生活全般にわたる支援だった。

福祉課の職員は，支援を行いながら母親の悩み相談にも乗ってあげていた。生活の支援を行うとともに，生活の指導や子育てについてのアドバイスなど具体的で細かいやりとりを続けることで母親はどれほどの安心感を得たことだろ

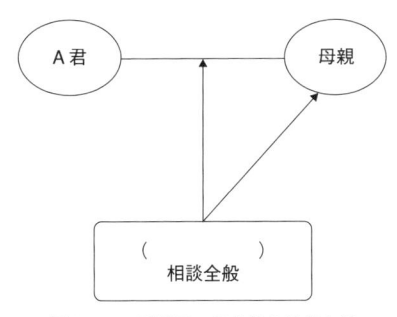

図3-5　A君母子への支援のはじまり

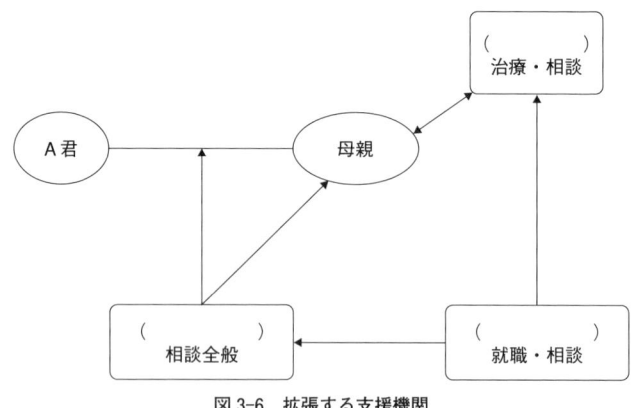

図 3-6　拡張する支援機関

う。

　母親のアルコール依存症の治療は大学病院で行い，投薬やカウンセリング，時には入院という手立てをとって治療にあたっていた。その治療の経過については，母親自身が福祉課職員に伝えていたのだが，職員からも大学病院と連絡を取り対応の在り方などについて情報交換をしていた。

　治療のかいもあって一時期容体が安定してきた母親は，自分の生活改善や治療の一環として，少しずつ外に出て働きにいきたいと考え，職員に相談する。

　さらにNPO法人が運営する生活支援センターにも母親は出かけていきながら就職先を探すことになった。

　そうした生活支援センターの存在を母親に教えて通所の手助けをしたのも福祉課の職員の配慮だった。また，今回のように母親の体調を考えるとどこで何が起こるかわからない。そのため，職員が仲介者となり，適宜大学病院の主治医や看護師，精神科の相談窓口担当職員と生活支援センターの担当者とを交流させることによって，支援チームの形成に寄与していた。

引用・参考文献

Pitcher, G. O., & Poland, S.　1992　*Crisis intervention in the schools.*　New York: Guilford Press.（上地安昭・中野真寿美（訳）　2000　学校の危機介入　金剛出版）

瀧野揚三　2011　学校危機対応におけるチーム援助　児童心理，**65**(3), 86-92.

4 自閉スペクトラム症など特別支援に関する事例
―学校および支援関係機関―

■ **事例の概要**

　この章では，自閉スペクトラム症（ASD）と診断された生徒に対する学校と家庭，および医療機関との関わりについて検討する。2007年4月より学校教育法が一部改正され特殊教育から特別支援教育へと移行した。これに伴い普通学級におけるインクルーシブ教育が推進されることとなった。しかし，現状においては普通学級における特別支援教育に関する知見や対応方法などが十分に浸透しているとはいえず，支援を必要とする児童生徒（以下，生徒）やその家族，学級の子どもたちにとっても適切な対応がとれずに困難を抱えている担任教師は多い。通常学級の多様な生徒たちへの指導でも困難を感じていることに加え，特別な支援が必要な生徒が集団の中でトラブルを引き起こすことが多く，そうしたことが学級づくりを阻害していると考える教師もいる。その結果，学級崩壊や学校不信などの学校危機につながっている事例は数多い。しかしながら一方では，支援が必要な生徒への対応を上手に行いながらむしろ彼らの存在を生かしながら学級経営を行っている教師もいる。子どもたちが安心できる学級経営を行うためには特別な支援を要する子を含めた学級の生徒，学校，家庭，医療機関との連携と協力が必要である。お互いの情報や願いを理解し合いながらよりよい学校生活を送ることを考えていかなければならない。本事例は，そうした発達障害を抱えた生徒を持つ家庭の願いと，担任の学級経営の努力，それをサポートする学校，医療機関の協力によって生徒とその家族，学級および学校の危機を乗り越えた事例である。

■ 関わった機関

医療関係機関：小児科
教育関係機関：小学校
その他（福祉関係機関）：市役所

■ 子どもの権利から

　子どもは教育を受ける権利を有している（子どもの権利条約第28条）。教育を受ける権利は，発達障害を有していても等しく保障されるものである。障害があるということで，教育を受ける機会や権利が制約を受けている状況は，「育つ権利」「生きる権利」を侵害しているといえる。第23条は，障害のある子どもの権利を規定している。すなわち，障害のある子どもが「尊厳」「自立」「参加（インクルージョン）」のもとで「十分かつ人間に値する生活」を送ることである。そして2項では，障害のある子ども・養育責任者に対する援助の拡充が謳われており，学校や保護者の支援体制をいかに検討していくかが求められている。発達障害のある子どもの援助やその家族への支援は重要な課題である。

参考条文
第20条（家庭環境を奪われた子どもの保護）
1　一時的若しくは恒久的にその家庭環境を奪われた児童又は児童自身の最善の利益にかんがみその家庭環境にとどまることが認められない児童は，国が与える特別の保護及び援助を受ける権利を有する。
2，3（省略）

第18条（親の第1次的養育責任と国の援助）
1　締約国は，児童の養育及び発達について父母が共同の責任を有するという原則についての認識を確保するために最善の努力を払う。父母又は場合により法定保護者は，児童の養育及び発達についての第一義的な責任を有する。児童の最善の利益は，これらの者の基本的な関心事項となるものとする。
2，3（省略）

第23条（障害のある子どもの権利）
1　締約国は，精神的又は身体的な障害を有する児童が，その尊厳を確保し，自立を促進し及び社会への積極的な参加を容易にする条件の下で十分かつ相応な生活を享受

すべきであることを認める。
2　締約国は，障害を有する児童が特別の養護についての権利を有することを認めるものとし，利用可能な手段の下で，申込みに応じた，かつ，当該児童の状況及び父母又は当該児童を養護している他の者の事情に適した援助を，これを受ける資格を有する児童及びこのような児童の養護について責任を有する者に与えることを奨励し，かつ，確保する。
3，4（省略）

✤✤ Session 1　事例の概要[1] ✤✤

①転任挨拶の日に

　よしと君と最初に出会ったのは，実質的には4月の始業式であったのだが，彼について初めて知ったのはそれに先立つ数週間前であった。

　春休みのある日，転勤に伴い新しい新任校であるA小学校に挨拶に向かった。転任するということは，何度経験しても緊張するもので，新しい職場の玄関に入る時には，4月からここが自分の学校になるのだ，と身が引き締まる思いを抱いた。事務職員に誘導され校長室に入り，学校に関するいろいろなお話を伺うことができた。A小学校は歴史があり，当該市では有数の伝統校である。児童数は500名を超え，学習や諸活動にも熱心な学校として知られていた。そんな学校の職員としてこれから勤務することになる心構えを話された後に，校長先生はやおら立ち上がり「挨拶に来られた早々になんですが，さっそく先生に担任していただくクラスについて，職員室で引継ぎを受けてください。よろしくお願いしますね」と言われたのであった。これにはいささか面喰ってしまった。3月の転任の挨拶の時にそのように引継ぎまですることは，それまでに一度も経験がなかったからだ。

②急きょ行われた引継ぎ連絡会

　校長室から辞去すると，職員室の片隅の机に先生方が座って私のことを待っ

---
[1]　事例中の名称は全て仮名である。

ていた。挨拶もそこそこにして引継ぎ連絡会が急きょはじまったのであったが，それは1時間以上もの長時間にわたって行われることになったのである。引継ぎ連絡会に参加したのは，私が4月から担任することになる5年生の前担任，つまり4年生の時に担任だった2人と，4月から私と学年を組むことになる男性の鈴木先生の3名であった。

「実は，先生に担任していただく学級は，大変なクラスなんですよ」。そんな言葉からはじまった引継ぎ連絡会の内容は，相当衝撃的であった。新しく5年生に進級する子どもたちには突出して発達障害を抱えた子どもたちが多く，その子たちを中心にして教室の内部で騒がしくなることが多く，学年全体が落ち着かない，ということだった。発達障害と診断されて投薬治療を受けている子が3人おり，そのうち2人の症状の重い子が私の担任する予定のクラスにいるらしいのである。「そんなに重いのですか？」と尋ねた私に，3人ともうなずいた。「1人はのぶお君といって，自閉スペクトラム症（ASD）と診断されて，自閉傾向が強いのです。こだわりが強いし，一度話しはじめると自分が話したいことをずっと話し続けて授業がめちゃめちゃになるんですよ！」というのだ。おまけにどうやらそんな特徴を持っているために，のぶお君は級友たちのいじめの対象になることが多く，ちょっかいを出されて興奮して大騒ぎになることが多いらしい。なるほど。それでは，学級は落ち着かないはずである。担任としてはそんなのぶお君の対応に気をつければいいんだな，と思っていたら，思いもよらない言葉が鈴木先生から発せられたのである。

③よしと君という存在

「でも，のぶお君はまだいいんですよ……」。えっ！　私は耳を疑った。ASDを抱えたのぶお君が，「まだいい」とはどういうことなのだろう。前担任のうちの1人が口を開いた。

「実は，のぶお君より大変なのが，よしと君なんです」

「そう！　よしと君の存在が大きいのよ！」もう一人が強く同調した。「のぶお君はどちらかというと普段はおとなしいから，周りがちょっかい出さない時は何とかなることが多いけど，よしと君はねえ……」。ため息と同時に前担任の2人から告げられたよしと君に関する情報は，とても驚くべきものであった。

よしと君は，小さい頃からスポーツクラブに所属し，水泳やサッカーが得意で腕力が強いのだそうだ。家庭は母子2人暮らしの家庭で，教育熱心なお母さんが小さい頃から，それはもうできるかぎり仕事の合間を縫って手をかけて育ててきたという。ASDがあると診断されてからは，投薬治療を受けることに同意し，以前よりも熱心によしと君の教育に打ち込んできたのだそうだ。ところが，よしと君は体力や腕力に自信があるあまり，気に入らないことがある周囲の友人たちに暴力をふるうことが多く，一度キレるとクールダウンが難しいらしい。教室を飛び出す，奇声を上げる，物を壊す，殴る，といったトラブルを毎日，しかも何度も起こしているというのだ。そのたびに担任は追いかけたり，個別指導をしたりと対応に追われるらしい。周囲の子どもたちはそんなよしと君を怖がり，友人も少ないという。これまでの担任の先生や学校としては，そんなよしと君を何とかしようとしたらしいのだが，お母さんはよしと君のことをかわいがるあまり息子のよしと君をかばい，次第に学校に対して不信感を抱くようになったというのである。よしと君のお母さんは学校に不満を抱くし，他の子の家庭では暴力をふるったり授業を妨害したりするよしと君や彼を守るお母さんに文句があるし。そんな状況がこれまでの担任を悩ませてきたのであった。

「うーん」。私は心の中でうなってしまった。確かに，それはすごい存在感である。転任挨拶の日から引継ぎ連絡会を開くわけだ。長く，気が重くなる話し合いを終わって職員室を出た時，すでに外は暗くなりはじめていた。帰りの電車に揺られながらこれからはじまるだろう新しい学校での生活を考えたら外の景色よりも私の胸のうちは暗くなっていた。

④**養護教諭からのアドバイス**

　新学期がはじまり，開始早々女性教員同士の茶話会が開かれることになった。新着任職員の歓迎会的な意味を込めての茶話会である。話題はもっぱら私が担任するクラスの話であった。「大変ですよねえ，あの学年は」「先生のクラスも大変だけど隣のクラスも鈴木先生じゃないと抑えられないような乱暴な子が何人もいるし」。そうなのか。学年全体がやはり大変なんだなあ，と実感させられた。「やはり，お母さんや病院の先生と上手く連携をとることが大切ですね」。

そうアドバイスしてくれたのは，養護教諭の佐藤先生だった。彼女は，よしと君が入学した時にちょうど転任してこられ，それ以来よしと君のお母さんとともに，まさに二人三脚で成長を見守ってきたのである。「お母さんは学校に不信感を抱いているみたいだ，というようなことをお聞きしたのですが？」と私が尋ねると少し考えてから佐藤先生はゆっくりと話しはじめた。「お母さんは，勤務する会社の中でも責任あるお仕事を任されてきていますし，よしと君のことでも何とかしようと一生懸命に頑張ってこられたんです。そんなお母さんのことも考えて先生方に対応していただければなあと思います。あとは先生が実際にお母さんにお会いになってお話ししていただくのが一番よろしいかと思いますよ」。養護教諭の佐藤先生の言葉は，いろいろな意味が込められている，と感じさせてくれるものだった。引継ぎ連絡会では，担任だった先生方からみたよしと君とお母さんに対する情報を得ることができたのだが，担任からみる視線と養護教諭というポジションからみるのとでは，いささか評価は違うのかもしれない。大きなアドバイスをいただいたなあ，そんなことを感じた茶話会だった。

⑤始業式の朝

　いよいよ始業式の日の朝を迎えることになった。遅い桜が咲いている校門を多くの生徒たちが登校してくるのを職員室からみることができた。初めて子どもたちの前に立つ，という緊張感とどんな子どもたちなのだろうという期待で胸が躍る。

　体育館に入り，校長先生から次々に新任の私たちが紹介される。やがてクラス担任の発表である。下の学年から順番に呼ばれるたびに，子どもたちの歓声が聞こえる。いよいよ私たち5年生の番。名前を呼ばれ，返事をした私が生徒の前に立つと，女の先生でよかった，という女子のうれしそうな声と新任者でとまどう男子の生徒のけげんそうな眼差しが向けられた。のぶお君は雰囲気ですぐわかったのだが，よしと君にはまったく気付かなかった。彼も緊張しておとなしくしているのかしら？　そんなことを考えながら，とにもかくにも最初の出会いは無事に終わった。職員室に戻って，隣のクラスの鈴木先生と「さあ，行きましょうか！」と階段に向かった。

5年生のクラスは，4階建て校舎の最上階にある。進級したことをきっかけにクラス替えがあったためか，階段を上っている私たちの耳にも教室内のざわめきが聞こえてくる。深く息を一つ吸って，教室のドアを開けた。教室は静かになり，黒板の前にゆっくりと進んだ私を32人の生徒が見つめている。「さあ，朝の挨拶をしましょう！」。ここから私と彼らとの長く濃密な時間が始まったのである。

⑥**最初のトラブル**
　休み時間になるとのぶお君は最初から私の机の周りに近づいてきた。結婚しているのか，子どもはいるのか，趣味は何か，など矢継ぎ早の質問攻め。周囲の女の子たちが制止するのもまるで意に介していない。そんなのぶお君の質問に答えていたら，さっそく教室の後ろの方で大きな声が聞こえてきた。「やめろよ」「うるせえ」。どうやらよしと君が数人ともめているようだ。どうしたのか，と様子をみにいったら，よしと君はふてくされた様子で壁に寄りかかっていた。「どうしたの？　よしと君……」と声をかけたその瞬間，彼は脱兎のごとく駆け出して，教室を出ていってしまった。あまりに素早いその動きに，私はあっけにとられてしまった。われにかえって追いかけようとすると1人の女の子が教えてくれた。「先生。よしと君はたぶん保健室にいるから」「えっ？　なんで知っているの」「去年とかもそうだったし，ね」。周りの数人もうなずいている。どうやら，去年までのクラスメイトたちは，彼のクールダウンの方法を知っているらしい。
　AD/HDやASDなどの発達障害を抱えた子どもたちへの学校内での指導を考えた場合，「クールダウン」を本人が選択し行動できるのかが大きなポイントとなる。パニックを起こしたり感情が高ぶったりした時に，どのように自分自身を落ち着かせる（クールダウン）させることができるかということを，スキルとして本人が獲得していると比較的安心して集団での活動に参加できる，ということを以前の研修会で医療機関の関係者から聞いたことがあった。どうやらよしと君はそのクールダウンの仕方を自分で身に付けていて，その場所は保健室らしい。養護教諭の佐藤先生との関係性ができていることが大きい。「よかった」と正直私は思った。全くのゼロからの対応ではないし，こんな風

に何かあった時でも頼りになる先生方がいてくださるのは，とても心強かった。周囲の子どもたちもある意味「慣れ」があるようで，よしと君への対応がわかっている子も多いようだ。要するに，対人関係があまり得意ではないよしと君と，適度な距離感で生活すれば問題ないということをわかってくれているとよいのだが。

「さあ，みんな席に戻ってね。よしと君は調子が悪くて保健室に行っているけど大丈夫だから。次の時間が始まるよ！」。この騒ぎのすきにあちこちで勝手に遊びはじめた子どもたちがいたが，ここでしっかりしないと。こうやってずるずるとよしと君の引き起こす騒動に引きずられてしまうと周囲の子どもたちも騒ぎはじめてしまうのだから。そう自分に言い聞かせながら保健室に内線電話を入れてよしと君のことを頼むと，授業に戻った。

その日の放課後，お礼を言うためと今後の対応を考えるために保健室を訪ねることにした。

「今日は，よしと君のことをありがとうございました。おかげで教室に戻ってきた時にはクールダウンできていて何事もなく入って来られました」とお礼を言うと，佐藤先生はにこやかに「そうですか。それはよかったですね」と答えてくれた。「でも先生，これからですよ。よしと君自身のこともそうなんですけど，お母さんとの対応をスムーズにする，ということも大切ですから」。そうなのだ。実は，ここからはじまるのである。よしと君たちとの付き合いは。これまで，学校とあまりよい関係ではなかったよしと君のお母さんとどう向き合っていけばよいのか。それはとても難しい問題であった。

〈Question 1：アセスメント　問題状況の把握〉

　母親は，学校に対して不信感を抱いている。しかし，よしと君が学級集団と上手くなじめないという状況は，周囲の子はもちろんよしと君自身にとっても好ましくない。このままでは，以前のように学級がとても困難な状況に陥ってしまう。事態を改善していくためには，母親の理解と協力が必要である。担任はよしと君の家族とどのように関わっていけばよいだろうか。

✚✚ Session 2　対　　応 ✚✚

①母親との面談
　佐藤先生からのアドバイスもあり，早速よしと君のお母さんに連絡を取り，数日後に面談することにした。初めてお会いするわけだし，お母さんが緊張するかもしれないということもあり，場所は学校の保健室で佐藤先生と3人で話すことにした。
　当日は，お母さんが会社の仕事を切り上げてきてくれて，夜の学校で打ち合わせを行うことになった。やや緊張気味の面持ちで現れたお母さんだったが，佐藤先生と笑顔で挨拶を交わし私と初対面の挨拶を済ませる頃には落ち着いてきたようであった。
　「すみません，先生。いつもご迷惑ばかりおかけして」，そう謝ってこられたお母さんだったが「いいえ。私の方こそうまく対応してあげられずに，よしと君を困らせてしまってばかりで」と私からは反省を口にした。
　これまでの担任経験からある考えを持っていた。AD/HDといわれる発達障害を抱えた子，特によしと君のように多動性・衝動性が強い子は，学習に集中できなかったり人間関係づくりが苦手だったりすることがあるのだが，それは教師の効果的な指導というか，担任側の配慮である程度以上に改善できる，というものだ。発達に障害があったとしても，それが原因となって二次的な障害を引き起こさせないようにするのが担任の役割の一つであり，教室の中で困らせるようなことをする子というのは，実はどうしていいのかわからずに困っている子なのではないだろうか。そう考えたら，自分の教師としての対応力のなさが情けなかったのだ。
　「先生。ありがとうございます！　そういっていただけると，とてもありがたいですわ」。そう話してくれたお母さんの目には涙が浮かんでいた。「本当に

ね。よしと君もどうしていいかわからずに困っていると思います。保健室に来て落ち着くと，『何やっているんだろうなあ，ぼくは……』と反省しているのですよ。まあ，毎回ではありませんがね」と佐藤先生がおどけて話してくれたところで，3人に自然と笑顔がこぼれた。「これからは先生方も母親のつもりで遠慮なくびしびしやってくださいね」「3人がかりだとよしと君も大変ですね」と話して笑顔のままその日の面談は終了したのであった。

②**母親との連携**
　よしと君に対する私の姿勢を好意的に受け取ってくださったお母さんとの関係は，最初の面談でほぐれたといえよう。しかし，そこから先にもいろいろなできごとが起こるであろうことは十分予想できたし（実際に，ほぼ毎日のようにトラブルがあったのだが），継続的に協力体制を築いていく必要があった。そこで，次の面談のときに，お母さんと次のような約束をした。
　よしと君に対しては，
　　○我慢できなくなったら静かに保健室にクールダウンしにきていい。
　　○友だちには絶対暴力をふるわない。
　　○困ったことがあったら先生に話す。
という最低限のルールを守らせることを家と学校におけるルールとした。
　お母さんとの約束は，
　　○2ヶ月に一度ぐらいのペースで構わないから学校で面談する。
　　○毎日，連絡帳を書く。それを交換日記みたいにする。
ということである。
　ここまで話を進めてきて，そろそろお母さんにお帰りいただこうとなった時に，「あの，先生にお話したいことがあるのですけど」，とお母さんが言い出したのである。「実は，よしとなんですけど，お薬飲んでいないんです」「えっ！」私より驚いたのは，佐藤先生の方だった。「お医者さんから投薬されていましたよね。以前に診察を受けた時に」と思わずお母さんを問い詰めるような口調になっていた。「ええ，そうなのですが，いろいろ調べたところ薬を飲ませるのはなんだか怖いし，発達障害はお薬でも治るわけではない，ってありましたし」「でもですねえお母さん，お薬を飲まないことがよしと君の症状を重くし

て苦しめているのかもしれませんよ！」。それまではニコニコしながら私たちの話を聞いていた佐藤先生だったが，その時はお母さんに食い下がっていた。そのことからもどれだけ彼女が真剣によしと君のことを心配しているのかが伝わってきたのだが，このままではせっかく上手くいきそうだった面談の後味が悪くなりかねない。

　「お母さん。どうでしょう？　私と一緒に病院の先生のところにいきませんか？　いろいろ疑問なことがあったら，病院の先生に直接聞いてみるのが一番だと思いますよ」。そう提案してみると，お母さんも心を動かされたようで，病院に連絡し日程を調整した上で，2人で来院することにした。佐藤先生もその対応に納得してくれた。

③**病院で**
　面談から2週間ほどたった日，私はお母さんとよしと君のかかりつけの小児科医院にいた。医師が日程を調整してくださり，平日の夕方の時間帯に相談の時間を設定してくれたのだ。
　「よしと君は，まだお薬を飲まれていないそうですが，それはなぜですか？」。まだそれほど年配ではないが，優しそうな感じの医師がお母さんに質問した。
　「はい。先生には大変申し訳なかったのですが，インターネットとかを使っていろいろ調べたところ，あまりお薬を飲ませない方がよいのではないかと考えまして……」。そうなのだ。実際にインターネットや書籍等でみると投薬治療に対する疑問の声がいくつか上がっていることは，お母さんの言う通りなのだ。私自身も，病院を訪問するにあたり知識を得ておいた方がよいと考えて調べたが，確かにお母さんの言う通り心配な点はいくつか挙げられていた。1つめは，発達障害に使われているお薬が依存性の高いものではないかという点である。薬物治療にはそうした懸念が付きまとうが，成長期にある子ども期からお薬を使うことでより依存性が強まるのではないか，という懸念が挙げられていた。2つめは副作用の問題である。依存性の問題と同様に，投薬治療をはじめることで成長が阻害されるといった副作用が心配されている。3つめは，治療の効果の問題である。発達障害は投薬治療では治ることがないという論調のものが多く，だったら飲ませても意味がないのではないか，副作用が懸念され

ているのに，効果も期待できないなら投薬治療は行いたくない，それがお母さんの主な主張であった。

　お母さんの真剣な訴えに，微笑みを浮かべながら静かに聞いていた医師は，話が終わるとゆっくりと言葉を選びながら，お母さんと私に向かって語りかけてきた。

　「すみません，以前に投薬を開始した時の説明が不十分だったかもしれませんね。改めてお母さんの質問に順番にお答えしていきたいと思います。まず，お薬の依存性についてですが，処方させていただいたお薬は依存性の低いとされているものですからご心配なく。副作用に関して言うと，実際にそうした副作用が顕著に現れたという事例は報告されていないと思いますよ。それでも，お母さんがご心配されるようなことがないとも限りませんから，継続してよしと君の様子を見守っていくことは大切だと思いますね」。そこで一息ついて医師は，言葉を続けた。

　「お母さん。一番大切なのは，よしと君のことです」。するとここから表情が引き締まってみえた。

　「お薬では発達障害は治りません。治すことが目的ではないのです」「えっ。じゃあ何のために飲むのですか？」私もお母さんも次の言葉を待っていた。

　「症状を改善し，不適切な行動を抑えるために，そして一番の目的は二次的な障害が発生するのを防ぐための治療法だとお考えください」。

　そうなのである。これが一番のポイントである，と指摘している書籍やWEBサイトが多かった。発達障害を抱えることで人間関係に不適応を起こして不登校になったり，教室にいられないことが続いて学力低下になったり，さらにはそうした自分自身に対しての自尊感情が低下することで引きこもりになったり，という二次障害による生活への不適応がこわいのである。

　よしと君は今の段階では，トラブルも多いのだが落ち着いている時はスポーツ好きで明るく，授業中も元気に手を挙げて発言したりしてくれている。そんな彼も二次障害に悩む時が来るかもしれないのだ。「そうなる前に，なんとかしてあげたい」，そんな私の気持ちに気づいたのか医師は，さらに言葉を続けた。

　「よしと君にとって大切なのは，彼のよさを生かしてあげながら落ち着いて

生活できるようにしてあげることです。そして彼のためにわれわれ周囲の大人が助けてあげることなのです。そのための一つの方法として，今は投薬治療が効果的なのではないのかなあと私は考えています。もちろん今後の経過やよしと君の様子を見ながら，お薬を徐々に減らしていったり止めたりすることは選択肢に入れてよいと思いますよ。いかがですか？」。

　医師の説明をそれまで黙って聞いていたお母さんは，じっと考えていた。いろいろな思いが彼女の胸中を駆け巡っているのだろう。隣にいる私は，静かにお母さんの決断を待った。

　「わかりました先生。よしとのことをよろしくお願いします。今日，家に帰ったらお薬を飲むように，よしとに勧めてみたいと思います。先生が今お話ししてくださったことをそのままよしとにも聞かせてあげたいと思います」。お母さんは顔をあげて，まっすぐに先生を見つめながら伝えたのだった。

　医師はそんな母親の言葉を，いちいちうなずきながら聞いていた。やがて，お母さんに向かっていた身体の向きをちょっと変えて，私を向いて，微笑みながら話しはじめた。

　「それで，先生に一つお願いがあります」。
　「ええ，なんでしょう……」。

〈Question 2〉
　医師は，母親への説明を終えた後，学級担任に向かって要望する。それは，発達障害を抱えた子への対応として重要なことなのだが，いったいどのような対応を求めてきたのだろうか。考えてみよう。

------

④医師に依頼された担任の役割
　医師からの要望はいったいどういうことなのだろう？　緊張しながら次の言葉を待った。

「今，お母さんにご説明したように，投薬治療のポイントは，よしと君の行動や日常の生活の様子なのです。それで，先生にお願いしたいことがあるのですが」

「なんでしょう？　私にできることなら」ぜひともやらせてくださいよ，まさしくそんな感じであった。

「お母さんにもご説明したように，投薬治療を進めていく時には，よしと君の状態の確認や日常の様子についての情報が欠かせません。そこで，日常の大半を過ごす学校でのよしと君の様子を，定期的に病院に連絡してほしいのです。学校と病院と連携しながら治療にあたりたいのです。そのためにはどうしても先生のお力をお借りしなければなりません。それが私からのお願いです。これは，担任の先生にしかできない大切な役割です」。

医師の言葉は笑顔とは裏腹にとても重みがあった。確かに，その通りである。よしと君が投薬治療を経て，どのように変化するのか，あるいは変化しないのか，改善しているのかどうなのか，そこを見極めない限り薬の量を加減したり，あるいは中止したりということはできないのだから。

「わかりました。先生，できる限りのことをさせていただきたいと思います。うれしいですわ。お役に立てて」「よろしくお願いします」。お母さんからも先生からもそう頭を下げられると，改めて責任の重さを感じてしまうが，私が頑張らないと！という強い意識がこの時生まれたのも事実だった。

⑤変化するよしと君

よしと君は，それからもしばらくの間，いろんなことで騒ぎを起こした。「○○がおれをじっとみていた」「テストの時，問題がわからなかった」「みんなが静かすぎて落ち着かなった」というようないろんな理由をつけては，教室を飛び出して保健室に行った。廊下でふざけていて，他の学年の先生に注意されキレたこともあったし，隣のクラスの子とケンカをしていて叱られたこともあった。

しかし，私は単に叱責するのではなく，根気強くよしと君と話したり，学級のみんなに思いやりや優しさについて指導したりと，学級でよしと君を受け入れる雰囲気づくりを目指していた。その指導はまた，学級のみんな一人ひとり

を大切にしようとする思いを伝える活動に他ならなかった。そしてそんな熱意はよしと君だけでなく，全員にも伝わっていったのである。

　やがてよしと君は，次第に落ち着いて話を聞いていることが増えてきた。以前に比べて「待てるようになったなあ」と感じることが増えてきたのである。これまでだったらすぐに飛び出すようなことがあっても，じっと下を向いて我慢したり，トイレに行ってすぐ戻ってきたり，という変化がみられるようになった。どうやら，少しずつ，というよりはっきり投薬の効果がみられるようになってきたなあ，ということを1週間ぐらいで感じるようになった。ただ，時々食欲がない感じで給食時に時間がかかるようになったなあ，というようなことも感じたことがある。だが，それも2週間程度で治まったようであった。

　そんなことを小児科の医師宛に毎月2通程度の割合で手紙の形式で報告するようにした。よしと君の連絡帳に挟んでお母さんを通じて医師に連絡する，という経路を選択した当初は，「よしと君，忘れないかなあ」と，心配したりもしたのだが，不思議なことにこの手紙を忘れたことは一度もなかった。「すごいね，よしと君」。ある日，手紙を渡しながらよしと君に声をかけると「お母さんがね，『この手紙は先生から先生への大事な手紙なの。あなたのためのお手紙なの』っていうんだ。だから忘れちゃいけないと思って」。へえー，よしと君も変わろうとしているんだなあ，とその成長がうれしくなった。

　お母さんが，ひと月に2回の割合で通院し，家庭での様子に加えて私からの手紙を持参し，その情報をもとにしながら医師が処方を考えるという学校，家庭，病院の協力体制は，その後よしと君の卒業まで続いた。よしと君の病態は，医師の予想通り，投薬治療をはじめてから大きく改善し，卒業間際には薬の量も大きく減らすことが可能になったのである。卒業式の日，うれしそうにみんなと写真に収まるよしと君をみて，お母さんは大泣きし，私と佐藤先生も思わずもらい泣きしてしまった。「ありがとうございました！」と私と佐藤先生の手を強く握りしめた，お母さんの手の力強さと温かさは，今でも時々思い出すのであった。

✚✚ Session 3　事例にみる関係機関の連携 ✚✚

〈Question 3〉
　この担任が着任する前と比べて医療機関や担任，学校，家庭の連携が上手く機能している様子がうかがえる。そうした変容のポイントはどこにあったのだろうか。

　従来の担任・学校，医療機関と家族との関係性は好ましいものとはいえなかった。よしと君は病態からくる不安感もあり，しょっちゅうトラブルを起こしていた。学校はよしと君のトラブルを叱責し，家族に対しては，よしと君の行動や態度を改善させるために協力してくれるように依頼する，それが「うちの子だけ」というような不信感を引き起こしてしまう。その気持ちが，よしと君

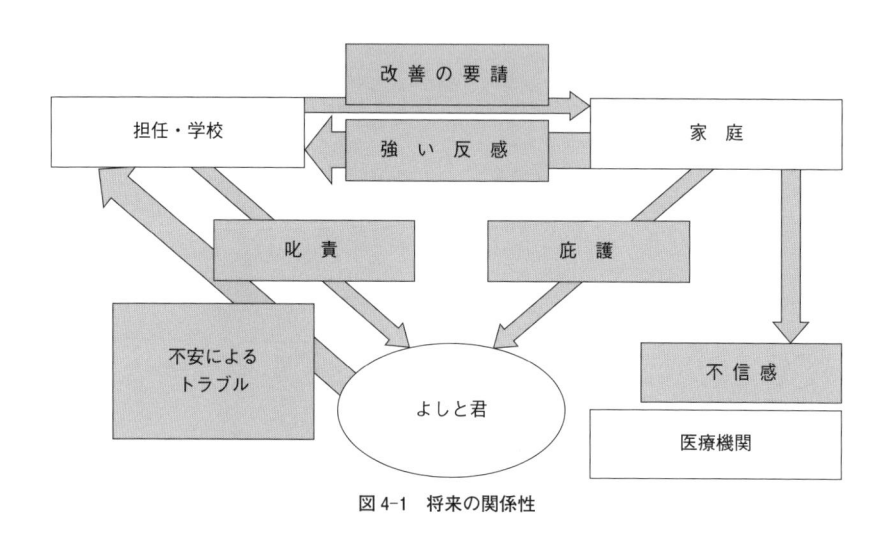

図 4-1　将来の関係性

を強い庇護で守ろうという気持ちを後押ししている。医療機関の診断や治療方針についても家族としては疑問を抱いていて，信頼しきれてはおらず，不信の連鎖が生じているのがわかる。

こうした家族の持つ不信感をぬぐわないかぎりよしと君の成長を支えることはできないのだが，この状況ではどういったアプローチをしたとしても家族の心を開くのは難しいのではないだろうか。そんな閉塞的な状況がこの頃の学校と，家族との関係性だったのである。

それに対して，新しい担任は信頼をベースにしながら指導を続けようとする。よしと君を何とか成長させようとする指導への熱意は，効果的な指導を行えばよしと君は成長するという信念であり，よしと君への信頼の裏返しであった。そんな担任の熱意は母親へ伝わり，母親は担任を信頼しはじめる。担任と母親が訪問した医療機関（病院の医師）は2人に対して改めて説明することで信頼を獲得し，それによって投薬治療が開始される。

そして，投薬治療を開始するとよしと君の成長と相まって病態は改善に向かいます。その時に重要な役割を果たしたのが，「家族－学校－医療機関」のネットワークだったのである。

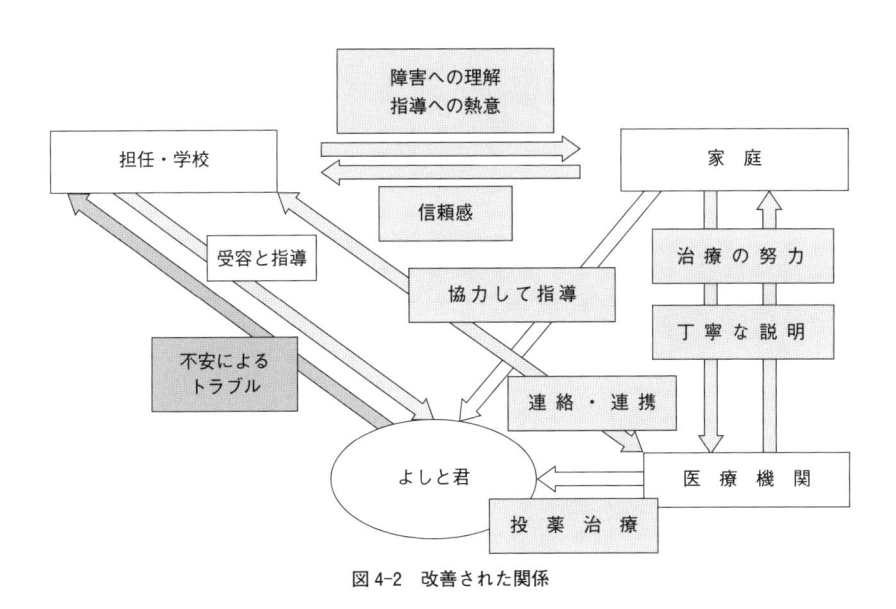

図4-2 改善された関係

家族の不信感が強いままだと開始できなかった投薬治療が，担任の行動力と熱意で開始され，それに医療機関も応えることでより相乗的な効果がもたらされたと思われる。

　ともすると，発達障害を抱える児童生徒が教室にいることで学級集団が落ち着かなくなり，学級崩壊につながることがあるとして学級経営に困難を感じる教師は少なくない。そして実際に危機的状況に陥ってしまった事例も報告されることがある。しかし，そういう時に「信頼とネットワーク」が有効に機能することをこの事例は伝えてくれている。学校危機に対する一つの解答がこの事例に含まれているのかもしれない。

5 発達障害が疑われる不登校生徒の事例
―学校および支援関係機関によるチーム援助―

■ 事例の概要

　本事例は，中学生になり不登校となったA男について，学校および支援関係機関が協力し，チーム援助を行った事例である。A男は，小学生の頃から落ち着きがない児童であった。また，一方的に話をすることがあり，クラスの児童とのトラブルも多かった。学習の理解も遅く，時間をかけないと問題を解くことができなかった。それらの言動から，教師の間でも「気になる子」として注目されていた。しかし，保護者との関係が上手くいかず，学校側は直接介入することができずにいた。

　そして，中学生になると，学習の遅れが顕著となってくる。また，コミュニケーションが上手くとれず，クラスの中でも孤立していた。そして，それらが原因で，同じクラスの生徒からいじめに遭う。そのような中で，A男は風邪を引き，学校を1日欠席する。次の日学校に行くと，大切にしていたパズルが見当たらないという，A男にとってショックなできごとが起こる。そして，その日を境に欠席が増え，A男はついに，中学校に行くことができなくなってしまった。保護者はそこで初めて，A男の問題と向き合うことになる。

　A男の発達的な特徴の理解がなされていない家庭では，A男を物理的・心理的に追い詰める言動が度々行われていた。テストの点数が悪いと，母親から「なんでこんな問題もできないの」と責められていた。また，小学校低学年の頃，クラスの児童とトラブルを起こしたと聞くと，「何をやっているの」と，A男を叩くこともあった。

　その後，いじめと不登校の問題を解決することを目標に，担任，スクールカウンセラー（以下SC），養護教諭がチームを組み，援助を行うことになる。援

助の過程で，SCが母親と面接を行い，A男を専門機関に連れて行くことが決まる。そこで，軽度の知的発達症を伴う自閉スペクトラム症との診断を受けることになるのであった。つまり，A男は発達障害の二次障害として，いじめに遭い，不登校となってしまったとわかる。そのことを考慮し，さらに援助チームのメンバーを広げ，A男の問題に対して支援を行っていくのであった。

■ 関わった機関

医療関係機関：小児発達医療センター
教育関係機関：中学校，県の教育相談所

■ 子どもの権利から

不登校とは，「何らかの心理的，情緒的，身体的，あるいは社会的要因・背景により，登校しないあるいはしたくともできない状況にあるために，年間に連続又は断続して30日以上欠席した児童生徒のうち，病気や経済的な理由による者を除いたもの」と定義されている。不登校の児童生徒は，「育つ権利」が侵害されているといえる。教育の機会は，第28条において，すべての児童が平等に保障されるべきであると明記されている。また同条文の中で，国は，定期的な登校を奨励するための措置をとる必要があると明記されている。不登校への対応は，行政が率先して考えていくべき課題であるといえる。

また，いじめは子どもの「生きる権利」「守られる権利」を著しく侵害し，心身を深く傷つける行為である。生きることは人間にとって最も大切な権利であり，国は，子どもの健やかな成長を確保する必要があると明記されている（第6条）。また，子どもがひどい仕打ちを受けた場合に，国は被害者である子どもの心身を癒し，社会復帰を促す適当な措置をとることが明記されている（第39条）。そして，障害のある子どもは，特に守られるべきであるとも明記されている（第23条）。

このように，障害のために二次的にいじめに遭い，不登校になることは，子どものさまざまな権利の侵害へとつながる。そのため，学校現場では，「気になる子」の早期発見，早期対応が重要な課題となる。

参考条文
第6条（生命への権利）
1 締約国は，すべての児童が生命に対する固有の権利を有することを認める。
2 締約国は，児童の生存及び発達を可能な最大限の範囲において確保する。

第23条（障害児の権利の国際協力）
1 締約国は，精神的又は身体的な障害を有する児童が，その尊厳を確保し，自立を促進し及び社会への積極的な参加を容易にする条件の下で十分かつ相応な生活を享受すべきであることを認める。
2 締約国は，障害を有する児童が特別の養護についての権利を有することを認めるものとし，利用可能な手段の下で，申込みに応じた，かつ，当該児童の状況及び父母又は当該児童を養護している他の者の事情に適した援助を，これを受ける資格を有する児童及びこのような児童の養護について責任を有する者に与えることを奨励し，かつ，確保する。
3，4（省略）

第28条（教育への権利）
1 締約国は，教育についての児童の権利を認めるものとし，この権利を漸進的にかつ機会の平等を基礎として達成するため，特に，
　（b）種々の形態の中等教育（一般教育及び職業教育を含む。）の発展を奨励し，すべての児童に対し，これらの中等教育が利用可能であり，かつ，これらを利用する機会が与えられるものとし，例えば，無償教育の導入，必要な場合における財政的援助の提供のような適当な措置をとる。
　（d）すべての児童に対し，教育及び職業に関する情報及び指導が利用可能であり，かつ，これらを利用する機会が与えられるものとする。
　（e）定期的な登校及び中途退学率の減少を奨励するための措置をとる。
　（a），（c）（省略）
2 締約国は，学校の規律が児童の人間の尊厳に適合する方法で及びこの条約に従って運用されることを確保するためのすべての適当な措置をとる。
3（省略）

第39条（心身の回復と社会復帰）
　締約国は，あらゆる形態の放置，搾取若しくは虐待，拷問若しくは他のあらゆる形態の残虐な，非人道的な若しくは品位を傷つける取扱い若しくは刑罰又は武力紛争による被害者である児童の身体的及び心理的な回復及び社会復帰を促進するためのすべての適当な措置をとる。このような回復及び復帰は，児童の健康，自尊心及び尊厳を育成する環境において行われる。

✚✚ Session 1　事例の概要 ✚✚

①A男の小学校の頃の様子

　A男は中学1年生。家族状況は，父親，母親，高校2年生の兄の4人家族である。小学校低学年の頃のA男は，教師の中でも「気になる子」として注目される存在であった。授業中にはずっと自分の席で好きなことをする。ただし，興味のある話には反応し，興奮して机から身を乗り出すこともあった。そのたびに，担任教師からは「A男くん，静かにしましょう」と声をかけられていた。また，集団行動をとることが苦手で，休み時間は1人でいることがほとんどであった。友だちとの会話は一方的なものとなることが多く，また上手くつづかない。そのためトラブルも多く，母親は幾度か学校に呼び出されていた。その都度，担任の先生は，A男の学校での様子を話していた。しかし，母親はA男のことを「少し性格が子どもっぽいだけ」だと思っており，「A男にも悪いところがあるかもしれないが，相手の子にも問題がある」として，A男だけを悪者とする考えに不信感を募らせていた。そのうち，学校への呼び出しに応じることをしなくなり，学校と保護者との間に少しずつ溝ができてきていた。

　月日が経ち，A男は小学校高学年になる。この頃から，学習の遅れが目立つようになってくる。A男は授業の内容が理解できず，自分の席での独り遊びが多くなってきた。そのことで，担任や，隣の席に座っている児童が声かけを行っても，A男はただうなだれるばかりであった。そのようなことが続き，担任の先生は困り果ててしまう。そして，授業中にA男が何をしていようと，他の児童の迷惑にならない範囲であれば許容するということで，学級経営を行っていくことに決める。実際，気に入ったことに対してはよくのめり込み，特に数字のパズルが大好きで，一度はじめると，周囲が声をかけるまでずっと熱中している。そのため，授業中はずっとそのパズルを解くことで，低学年の頃のように騒いだり席を立ったりすることは減っていた。

　しかし，このままではA男が授業についていけなくなることは，担任の目から見ても明白であった。そのため，担任はA男を放課後に残し，会議が入っていない時は1時間ほど時間をとり，個別に勉強をフォローしていた。授業科目

の中では，算数の飲み込みはよい方であった。一方で，国語の漢字は大嫌いであり，作文等も傍について一言一言助言しないと書くことができなかった。そういった担任のフォローの甲斐もあってか，A男はクラスの児童からは1，2歩遅れつつも，何とか授業についていくことができたのであった。

クラスの児童たちはというと，そんなA男の様子をよく知っており，上手に距離を置きながら付き合っていた。A男はおもしろい言動をすることもあるため，クラスの児童たちの間では「A男はおもしろいやつ」という認識ができており，ある意味で受け入れられていたようである。

また，A男は家庭の中で，「子どもっぽい性格」であるとの認識がありながらも，テストの点数が悪いと，母親から「なんでこんな問題もできないの」と責められた。また，特に小学校低学年の頃，クラスの児童とトラブルを起こしたと聞くと，母親は「何をやっているの」と，A男を叩いたこともあったようである。

②中学校でのいじめと不登校

A男が小学校を卒業し，中学生になると，A男を取り巻く状況が一変した。昔からなじみのある友だちは中学受験で他の中学校に行ってしまい，新しいクラスには他の小学校から来た生徒が多くいた。初めて教室に入った時，席が近い男子に話しかけられ，いつもの調子で対応すると，「お前，おもしろいな」と言われる。気分がよくなったA男は，自分の好きなこと，得意なこと，気になっていることなどを，一方的に話した。最初は「おもしろい」と評価した男子も，A男が話す様子をみていて，「ふーん……」と迷惑そうな顔をする。しかし，それに気づかずに話をしていると，途中で相手の男子の友だちが来る。それを機に，相手の男子は席を立ち，「それじゃ」と言ってその場を去って行ってしまった。そういったやりとりもあり，新しいクラスでの友だちは，全くつくることができないでいた。

その後，中学校の授業がはじまり，A男は本格的に勉強についていくことができなくなる。授業中に教科担任に指名された時，見当違いの回答を言うと，周囲から笑われる。そのうち，指名されても答えなかったり，すぐに「わかりません」と言うようになったりしていた。

ある日の英語の授業中，その内容が頭に入ってこなかったＡ男は，小学校の頃のように，数字のパズルを解いていた。すると，教科担任から「授業と関係のないことをしてはいけません」と言われて，そのパズルを取り上げられてしまった。その瞬間，Ａ男はパニックを起こす。「わぁー」と，ひとしきり叫んだ後，教室を飛び出して行ってしまう。それを，慌てて教科担任が追いかけたのだった。このできごとが原因で，クラスの生徒のＡ男に対する評価が変わる。もともと，クラスで浮いた存在だと思われていたが，それに「変なやつ」「気持ち悪いやつ」などの評価が加わり，クラスの中で完全に孤立する形となった。
 クラスの中の一部の男子の間では，「Ａ男のマネ」が流行り，その口調や，言動を真似するからかいが増える。Ａ男はそれに怒り，その男子たちにとびかかったこともあったが，逆に羽交い絞めにされ，「プロレスごっこ」へと発展する。そのようなことが，日常的に行われるようになっていた。
 Ａ男が中学校に上がってから，約１ヶ月。５月も中旬に差し掛かったころ，Ａ男は風邪を引き，学校を１日休んだ。次の日に学校に行くと，いつも机の中に入れていた数字のパズルがなくなっていた。驚いたＡ男は，机の中や，机の周りをみてみるが，みつからない。そこで，職員室の前にある落し物BOXまで探しにいくが，その中にもない。ここで，「担任の先生に聞こうか」という考えが頭をよぎるも，過去に教科担任に注意されたことを思い出す。そのため，教師に相談することはせず，教室に戻った。すると，よくＡ男をからかっていた男子数人が，教室の隅でＡ男をみながらにやけている姿が目に入る。Ａ男が「何みてんだよ」と言いながら近づくと，グループの中でもリーダー格の男子に，「パズルがしたいなら，家でやれよ。お前，本当にガキだよな。気持ち悪いんだよ」と言われる。その一言に怒り，向かっていくも，結局また羽交い絞めにされ「プロレスごっこ」がはじまってしまった。
 数字のパズルはみつからず，Ａ男はひどく落ち込んだ。そして，その次の日から中学校に行くことを渋るようになり，だんだんと登校する意欲を失っていった。朝起きられても，腹痛を訴えて学校を休む日が増える。そのような日々が続き，最初は「風邪が長引いているだけだろう」と思っていた保護者も，だんだんと心配になってくる。Ａ男に「なぜ学校に行きたくないのか」と聞いたところ，「学校がつまらない」との返答。その理由を詳しく聞いてみて初めて，

「A男がいじめに遭っていて，学校に行きたくなくなっている」と気づくのであった。そこで，保護者はすぐに中学校に電話をし，「A男に対するいじめをどうにかしてほしい」と訴えかけたのであった。

〈Question 1：アセスメント　問題状況の把握〉
　A男は，友だちとのコミュニケーションが上手くとれない，学習の遅れがあるという特徴を持っている。小学校では，そのようなA男を受け入れる雰囲気ができていたが，中学校では浮いた存在となってしまった。そのことで，いじめに遭い，ついには不登校へとつながってしまう。A男は小学校には6年間通うことができたのに，なぜ中学校には1ヶ月ほどで行けなくなってしまったのだろうか。

〈Question 2：行政機関との連携〉
　この事例の場合，どのような行政機関との連携が考えられるだろうか。

✚✚ Session 2　対　　応 ✚✚

①コア援助チームの結成
　担任は母親からの連絡を受けて間もなく，A男のことをSCに相談した。それは，それまでA男と上手くコミュニケーションがとれず，どう対応してよいかわからずにいたからであった。SCと担任は話し合いの結果，以下の3点を今後の援助方針として決定した。

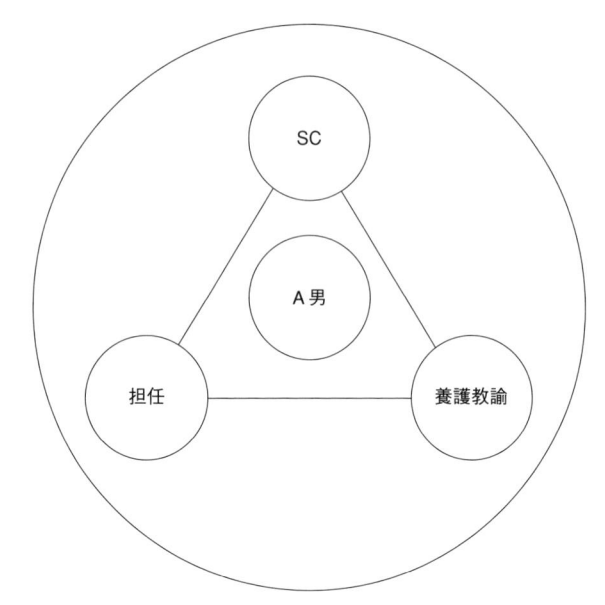

図5-1 A男に対するコア援助チーム（石隈・田村，2003を参考に作成）

①A男の家に家庭訪問へ行くこと
②いじめについて話題に出し，学年で検討すること
③中学校における，A男の居場所づくりを行うこと

①についてはSCが近いうちに行い，その時にA男の様子や，保護者の話を聞くこととした。②については，担任が学年主任と相談し，次の学年会議で話題に出して，学年単位でいじめ問題に取り組んでいくこととした。そして③については，担任がクラスに対して働きかけ，A男の特徴について，クラスの生徒に理解を促すことを目標とした。また，教室登校が困難であれば，相談室や保健室登校でも構わないとして，A男の居場所を教室以外の場所にもつくれるよう，SCや養護教諭も協力することが援助の方針として挙げられた。そのため，このことは養護教諭にも伝えられ，校内には担任，SC，養護教諭をメンバーとした「コア援助チーム」（石隈・田村，2003）が結成された（図5-1）。

② SC による家庭訪問

「コア援助チーム」が結成されて間もなく，担任は母親に，SC が家庭訪問を行う旨を伝えた。母親はそれを了承し，SC は連絡を受けた次の日，早速家庭訪問を行った。母親は，玄関先で SC を迎え入れ，そのままリビングへと案内する。その途中，母親は「カウンセラーの先生が来たわよ」と，A 男の部屋をノックしながら呼びかけた。A 男はこの日も学校に行こうとせず，「気持ちが悪い」といって自室にこもっていたのだった。母親の呼びかけに対して，部屋の中からの反応はない。母親は「具合が悪いみたいで。すみません」と SC に謝った。それに対して SC は「気にすることはないですよ」と告げ，通されたリビングで本題を話し合う。

母親との面接の中で，A 男の小学校の頃のこと，家庭でのこと，その他，母親が小学校の頃の担任に不信感を募らせていったことなどもわかってくる。また，話がいじめのことに移ると，母親は「なぜ息子がいじめられなければいけないのか」と，怒りを顕にする。それに対して，SC は早急に対応するように学校に伝えることを約束する。また，SC は母親の話から，A 男が発達障害の傾向を持っている可能性を考えた。しかし，その場は母親の気持ちに寄り添うことを重視することとした。「お母さんの A 男君に対する気持ちはよくわかります。A 男君ばかり責められたりして，つらいですよね」と励まし，母親の苦労をねぎらった。そして，定期的に家庭訪問をする旨を伝え，母親の了承を得た後，A 男の家を発った。

③学年会での検討

担任は事前に学年主任に相談し，次の学年会で，A 男のいじめ問題を話題にした。学年会で新たに検討した内容は，以下の通りである。
　①学年集会を開き，いじめのことを指導すること
　②いじめていた子への指導を行うこと
　③いじめについてアンケート調査を行うこと

①については，早急に学年集会を開き，学年全体でいじめの問題について考えることが決定された。②については，学年主任が該当する生徒を呼び出し，

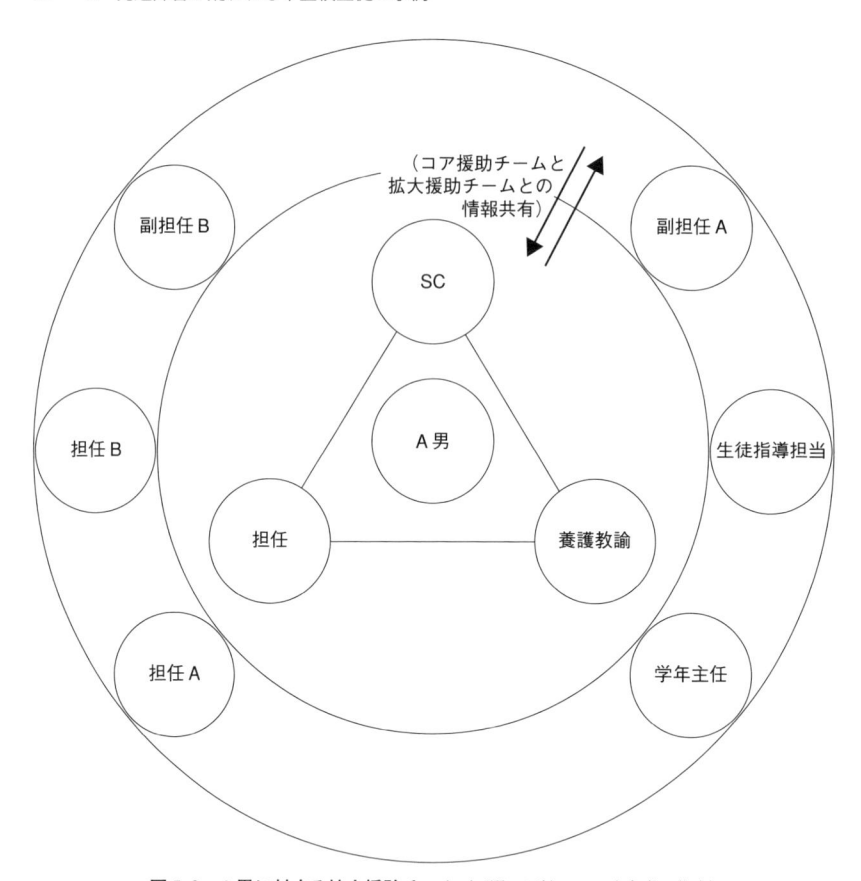

5　発達障害が疑われる不登校生徒の事例

図 5-2　A男に対する拡大援助チーム（石隈・田村，2003 を参考に作成）

放課後に指導することとなった。③については，いじめの実態把握のため，次の日の朝の会に行うことが決定された。

　また，協議の結果，その事態を重くみることとして，各クラスの担任，副担任，学年主任，生徒指導担当も援助チームに入り，「コア援助チーム」を「拡大援助チーム」（石隈・田村，2003）へと広げた（図5-2）。これにより，「コア援助チーム」と「拡大援助チーム」にて，それぞれのチームが持つ情報の共有が行われるようになった。

④学年集会といじめ問題への対応

　緊急に開かれた学年集会では，学年主任がいじめについて話題に出し，いじめられている子の気持ちや，自分がいじめに遭ったらどのような気持ちがするか，という話を学年全体に投げかけた。また，各担任はいじめについてのアンケートを実施し，各クラスでもＡ男のようにいじめ，もしくはそれと類似の行為を受けている生徒がいないか，調査をした。調査の結果，他のクラスでも何人か「学校に行くのがつらい」と思っている生徒がいることが発覚し，学年全体でいじめの問題に取り組んでいく方針が決まった。いじめは許さないというスローガンを掲げ，各クラスでいじめのない学級づくりをするように働きかけていくこととなった。

　また，いじめを行った生徒については，学年主任が放課後に個別に呼び出し，話を聞いた。すると，Ａ男をいじめていたグループのリーダー格であるＢ男は，家庭内不和があり，イライラしていたことがわかった。そのイライラの捌け口として，Ａ男へのいじめが起きたようであった。このことを知った学年主任は，Ｂ男に対して，「いじめは許されないことだ。しかし，君にも事情があったようだね。つらかったね」と，いじめについては厳しく言及しつつ，同時に共感と励ましを行った。

⑤家庭訪問でのＡ男の様子

　学校でＡ男の居場所づくりが進んでいく中，SC は家庭訪問を通して，Ａ男との交流を試みていた。Ａ男は最初こそ部屋に閉じこもっていたが，2 回目の訪問の時には居間でパズルをしていた。母親の呼びかけで，SC の様子を一瞬うかがうも，すぐに視線をパズルへと戻す。その態度をみて，母親はＡ男に注意をしようとするが，SC はＡ男の隣に行き，「座ってもいいかな？」と声をかけた。Ａ男からは小さなうなずきが返ってくる。ゆっくりと隣に腰かけ，Ａ男がパズルを解くことを手伝った。「次はこれかな？」「よくみつけたね」「正解」など，Ａ男の様子をみながら適宜言葉をかけた。そのうち，Ａ男からもぽつぽつと発言がみられるようになっていった。パズルを通して関わることで，Ａ男と SC との間に少しずつ信頼関係が築かれていった。

⑥専門機関への紹介

　家庭訪問におけるA男との関わりを通じて，母親はSCに好印象を持ったようであった。また，SCからいじめ問題への対応が校内で進んでいる話を聞き，安心した表情をみせていた。それをみたSCは，そろそろ頃合いだと思い，（事前に校長に許可を得て）A男は発達障害を持っている可能性があることを告げた。母親は驚いている様子であったが，「昔から，どこか変わっているとは思っていたのです。もしかしたら，先生のおっしゃる通りなのかもしれませんね」と，A男のことについて薄々気づいていたようであった。校長の了承を得ていたSCは，母親に，A男を小児発達医療センターへ受診させることを勧めた。

　SCの助言を受け，母親は，A男を小児発達医療センターに連れて行った。そこで，A男は軽度の知的発達症を伴う自閉スペクトラム症であると診断を受けたのだった。

⑦登校へ向けて

　診断を受けて，学校内では，今後どのようにA男を迎え入れていくとよいのかということをテーマに，「拡大援助チーム」による話し合いが行われた。そこで決まったことは，以下の通りである。
　①A男の学習スキルに合わせた課題を与える
　②A男が安心できる居場所を確保する
　③A男の発達障害を理解した援助をする
　④授業の中で個別の指導を取り入れる
　⑤支援員をつける

　これらをそれぞれ，「拡大援助チーム」のメンバーが分担して担当することで，A男が学校に登校できるようになるための，土台づくりを進めていった。

⑧A男のその後

　いきなり教室に登校することは難しいとして，SCは担任，養護教諭と相談し，A男に，保健室登校を提案した。A男は，「調子がよければ行きたい」と話し，

それから1週間に1，2回，お昼前の時間から3時間程度，保健室に顔を出すようになる。養護教諭とはそこで，パズルを解いたり，トランプをしたりして遊んでいた。そのうち，保健室登校の他の生徒とも，少しずつ話をするようになっていく。A男が一方的に話しそうになると，養護教諭が介入し，「相手の話を聞いてあげましょう」とフォローを入れ，友だちとの関係がこじれないように配慮を行った。また，SCが来校している時は，A男と面接を行った。

担任も，時々様子をみに来ては，A男との会話や遊びを通してのコミュニケーションを試みた。また，担任の働きかけもあり，クラスの中で小学校が同じだった生徒も，給食の時間に食事を運んだり，プリントを届けたりした。その時に，一言二言，会話ができるようになってきた。A男は担任に対しても，クラスの生徒に対しても，少しずつ心を開くようになっていった。

また，SCは保健室に通う生徒に対して，ソーシャルスキルトレーニングを行っていた。これは，保健室登校の生徒が通常のクラスに戻った時に，クラスの生徒と上手くコミュニケーションをとり，自己表現をできるようになることが目的であった。A男もそれを受け，クラスに戻る準備を進めていた。

SCは今後のことを考え，母親に県の教育相談所を紹介する。専門機関に定期的に通うことで，中学校を卒業しても，援助を受けられるようにとの配慮であった。母親はそこで，発達障害に関わる知識を得て，「A男には悪いことをした。もっと早く，気づいてあげればよかった」と，小学校の頃のA男の育て方を反省し，涙を流したのであった。

こうして，A男は保健室に来る回数が増え，ほぼ毎日学校に行けるようになってきた。また，それまでの一方的なコミュニケーションのとり方から，少しではあるが相手の話を聞くことができるように変わってきていた。学習面では，いまだに遅れはあるものの，A男にできる難易度のものから無理なくはじめていく方針が決められている。教室登校まではまだ至らないが，2学期からは「クラスに入ってもいいかな」との言葉が出てくる。今後の慎重な対応が期待されるところである。

84   5　発達障害が疑われる不登校生徒の事例

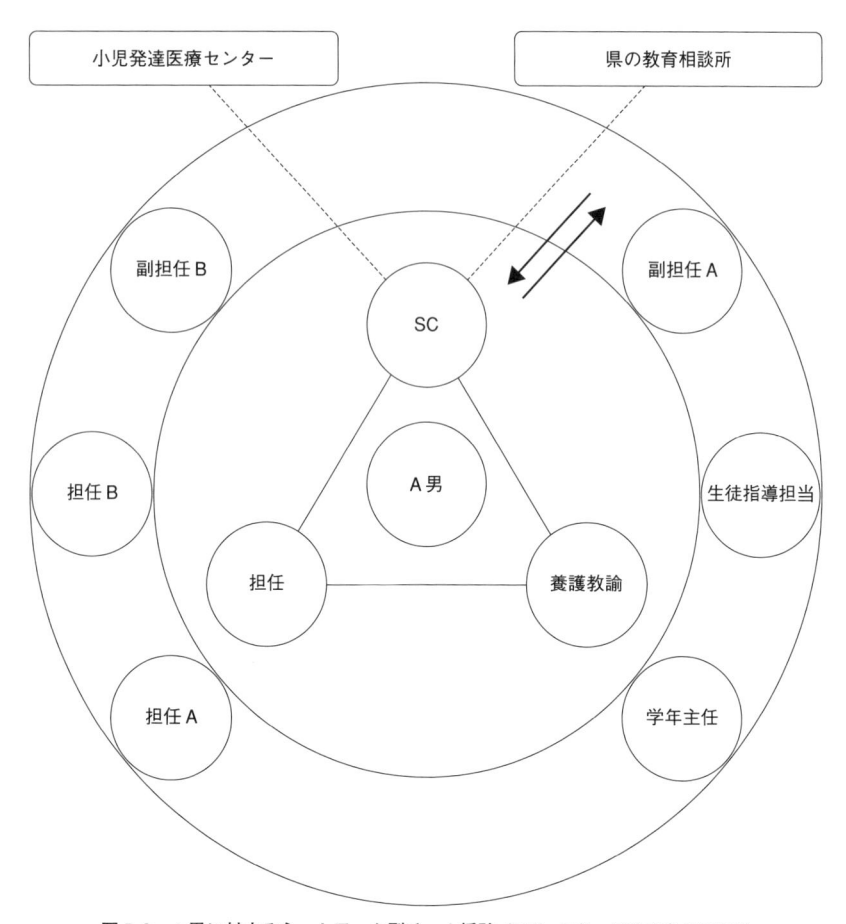

図5-3　A男に対するネットワーク型チーム援助（石隈・田村，2003を参考に作成）

✦✦ Session 3　事例にみる関係機関の連携 ✦✦

　A男に対する援助は，学校内だけでなく，各関係機関を巻き込んだ「各種関係機関とも共に行ったネットワーク型のチーム援助」（石隈・田村，2003）といえる（図5-3）。

Session 3　事例にみる関係機関の連携　85

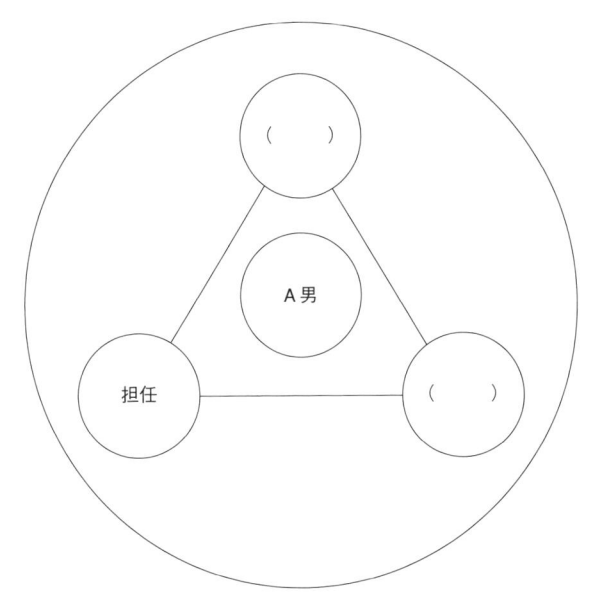

図5-4　A男に対するコア援助チーム（石隈・田村，2003を参考に作成）

〈Question 3：A男をサポートした援助者および行政機関〉

図5-4～図5-6の（　）の中に，A男をサポートした援助者および行政機関の名称を記入して，この事例のチーム援助の展開を振り返ってみよう。

① STEP 1

　A男は中学校に上がると，クラスの男子生徒のグループからいじめに遭い，不登校になってしまう。母親から連絡を受けた担任は，まずSCに相談した。そこで，いじめと不登校の問題の解決を目的として，養護教諭もメンバーに加えて「コア援助チーム」を結成し，チーム援助が開始された。

② STEP 2

　学年主任と相談した担任は，学年会にA男のことを話題に出す。そこで，その問題の重要性が学年にシェアされ，学年主任，生徒指導担当，各クラスの担任と副担任をチームに加え，「コア援助チーム」は「拡大援助チーム」へと広がる。

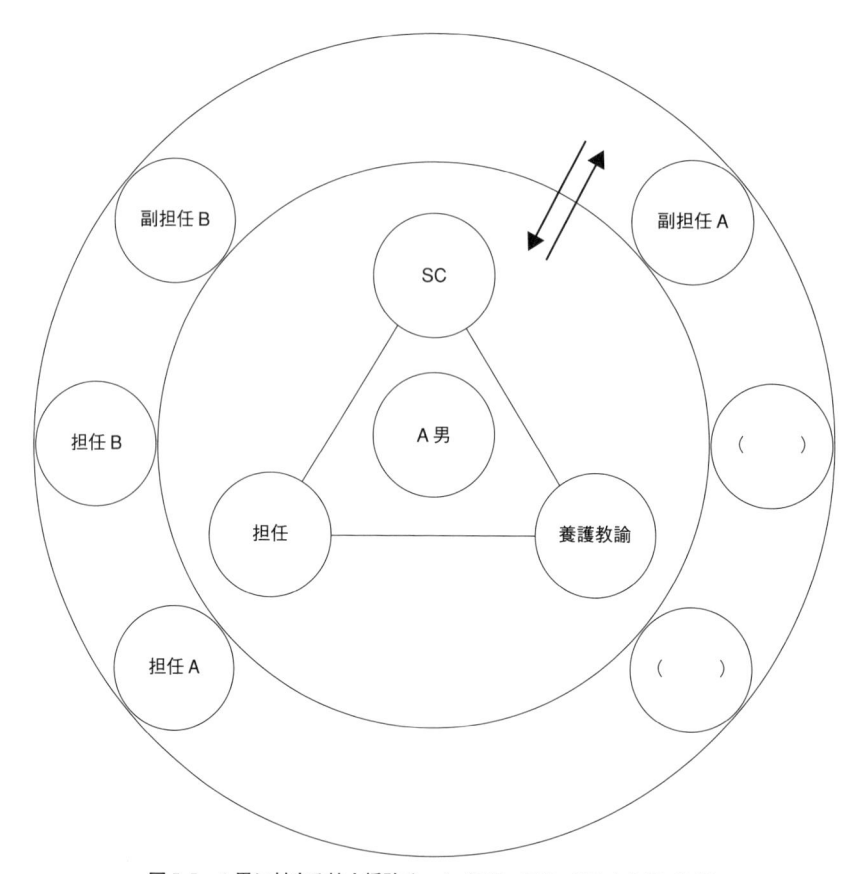

図 5-5　A男に対する拡大援助チーム（石隈・田村，2003を参考に作成）

　A男と母親に対しては，SCが家庭訪問をして，援助を行った。学年全体に対しては，学年主任がいじめのことを話題に出し，各クラス担任がアンケート調査を実施するなどして，働きかけを行った。また，いじめを行っていた男子生徒のグループに対しては，学年主任が個別に話を聞いていった。いじめは，学年全体で取り組んでいくべき課題であるとの認識が生まれ，教師間で協働する姿勢ができた。
　学校でいじめへの取り組みが進む中で，SCは母親に対して，A男が発達障害を持っている可能性があることを告げ，小児発達医療センターへの受診を勧

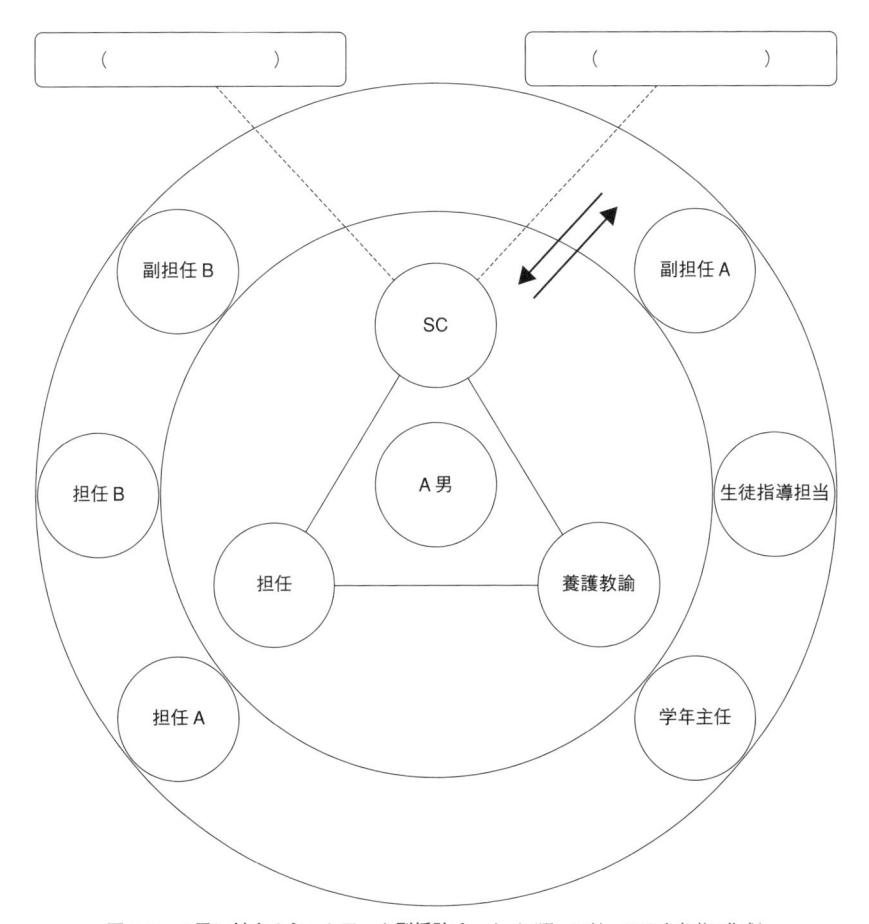

図 5-6　A男に対するネットワーク型援助チーム（石隈・田村，2003 を参考に作成）

めた。そして，A男は専門機関での診断の結果，軽度の知的発達症を伴う自閉スペクトラム症だということがわかった。それを踏まえて，「拡大援助チーム」のメンバーは，A男の援助案を考えた。

③ STEP 3
　「拡大援助チーム」のメンバーの働きもあり，A男は保健室登校が可能になる。それに伴い，主に養護教諭がA男に関わるようになった。そこに，他の保健室

登校の生徒や担任，クラスの生徒も加わり，A男は学校内の多くの人物と関わりを持てるようになった。

また，SCはA男の将来のことを考え，母親に，県の教育相談所を紹介する。それは，専門機関に定期的に通うことで，中学校を卒業しても，援助を受けられるようにとの配慮であった。また，学校内では，A男に対して，面接やソーシャルスキルトレーニングを行い，定期的に援助を行っていった。

こうして，A男に対する援助は，「ネットワーク型援助チーム」になった。

本事例は架空のものだが，筆者が実際に学校現場で経験したことをもとに作成したものである。学校現場では，A男のような生徒が少なからず存在し，周囲の理解がないまま，困難を抱えて日々を送っている。そのような生徒をいかに早くみつけ，援助を開始することができるのか。早期発見，早期対応の重要性が，今，学校現場で問われている。

発達障害が原因で，いじめ，不登校等の二次障害が起きることは，可能性として十分にありえる。それはつまり，発達障害を有している子どもたちは，複数の権利を侵害される可能性があるということである。そのためにも，そういった子どもたちを早期発見し，早期対応することが重要である。しかし，本事例のように，保護者との連携が上手くいかないため，対応が遅れてしまう場合もある。そのような状況から，どのように連携を進め，支援を行っていけばよいのか。本事例を通して，その方法を考えてみてほしいと思う。

引用・参考文献

石隈利紀・田村節子　2003　石隈・田村式援助シートによるチーム援助入門―学校心理学・実践編　図書文化

6 性非行の事例
―少年サポートセンターを中心とした
支援ネットワーク：司法・矯正関係機関―

■ 事例の概要

本事例は、中学生のC子（中学3年女子）の性非行に対する援助サービスをめぐって各関係機関が対応した事例である。

C子はひとり親家庭で、母親と暮らしていた。3年生に進級した頃から欠席が増え、深夜徘徊（はいかい）するようになった。隣接する中学校のD男（3年生男子）と行動をともにするようになり、性非行と合わせて、D男からの被暴力の心配もされた。そこで、保護者との連携を密にすることとともに、少年サポートセンターとも連携してC子に対して行政機関の援助サービスを展開した。

■ 関わった機関

司法・矯正関係機関：少年サポートセンター
医療関係機関：掛かり付けの病院
教育関係機関：中学校
その他（教育関係機関）：スクールカウンセラー（本来的には行政による機関とは呼べない諸機関（NPO法人や病院そしてスクールカウンセラーなど）についても、組織の構造や機能から関係機関として表記している）

■ 子どもの権利から

少年非行という状況は、子どもの人格、才能ならびに精神的および身体的能力の完全かつ調和のとれた発達を促進するという目標を侵害している（前文ならびに第6条・第29条）。条約の理念である「生きる権利」「育つ権利」そして「守られる権利」の観点からも権利侵害がある。子どもは、自由な社会にお

いて個人として責任のある生活を送るための準備ができるようにされるべきであり（前文・第29条），そのような社会において，人権および基本的自由に関わって建設的な役割を担うことができなければならない（第29条・第40条）。

条約において認められる権利を子どもが行使するにあたって，子どもの発達しつつある能力と一致する方法で適当な指示および指導を行う責任がある。条約の規定に照らせば，非行に従事するようになるおそれを高めさせ，またはそのような重大なおそれを引き起こす可能性のある環境のもとで子どもが成長することが，子どもの最善の利益にそぐわないことは明らかである。

参考条文
第29条（教育の目的）
1　締約国は，児童の教育が次のことを指向すべきことに同意する。
（a）児童の人格，才能並びに精神的及び身体的な能力をその可能な最大限度まで発達させること。
（b）（c）（d）（e）（省略）

第40条（少年司法）
1　締約国は，刑法を犯したと申し立てられ，訴追され又は認定されたすべての児童が尊厳及び価値についての当該児童の意識を促進させるような方法であって，当該児童が他の者の人権及び基本的自由を尊重することを強化し，かつ，当該児童の年齢を考慮し，更に，当該児童が社会に復帰し及び社会において建設的な役割を担うことがなるべく促進されることを配慮した方法により取り扱われる権利を認める。
2　このため，締約国は国際文書の関連する規定を考慮して，特に次のことを確保する。
（a）いかなる児童も，実行の時に国内法又は国際法により禁じられていなかった作為又は不作為を理由として刑法を犯したと申し立てられ，訴追され又は認定されないこと。
（b）刑法を犯したと申し立てられ又は訴追されたすべての児童は，少なくとも次の保障を受けること。
（i）法律に基づいて有罪とされるまでは無罪と推定されること。
（ii）速やかにかつ直接に，また，適当な場合には当該児童の父母又は法定保護者を通じてその罪を告げられること並びに防御の準備及び申立てにおいて弁護人その他適当な援助を行う者を持つこと。
（iii）〜4　（省略）

✚✚ Session 1　事例の概要 ✚✚

①C子の家庭環境（母親との生活リズムのすれ違い）と持病

　それは，4月初旬に母親のスクールカウンセラーへの相談からはじまった。母親からの相談は，C子が交際している生徒との関係を心配しているものであった。また，母親は「C子との関係も最近上手くいっていなく，C子が何を考えているのかわからない」という心境であった。

　C子は母親との2人暮らし。母親は生活のためにフルタイムで仕事に出ており，C子との生活リズムが合わないこともあり，言い合いが絶えなかった。そしてまた，C子は甲状腺機能亢進症（バセドウ病）という持病を抱えていた。この持病は，ホルモンのバランスが崩れやすく医療機関から処方されている薬でコントロールする必要がある。コントロールが上手くいかないと，精神的に興奮して情緒不安になったり，手足や全身が震えてしまったりといった症状を発症することになる。そして，特に妊娠については医療機関での指導を受けることが大切であるとされている。持病については原因が不明のため，定期的に医療機関で指導を受けているという状況であった。

②C子の性非行と交際相手からの被暴力の可能性

　そのような状況の中，C子が隣接している中学校のD男と交際するようになってから，学校を欠席することが増えてきていることや，深夜徘徊をすることが目立ってきたことを母親は心配していた。具体的に母親が抱いている心配事は，D男と交際する中でC子がD男から暴力を受けている可能性があることや，避妊をしないで性行為に及んでいる可能性があるということであった。

　被暴力の可能性については，母親がC子の携帯メールをチェックした際（家族の約束事でチェックすることを承知の上で，携帯電話を購入している）に，D男からの暴力をほのめかすような内容を確認していた。そしてまた，C子本人もD男から暴力をふるわれているという内容のメールを友人に送信していたことがわかった。

　その後，母親と面談を重ねる中で，性行為の可能性については，母親はC子

のベットのすみから使用された後の避妊具を発見していた。C子の持病から，仮に妊娠をしてしまうと身体に大きな影響があることからも性行為を止めさせたいという母親の願いであった。

〈Question 1：アセスメント　問題状況の把握〉

　母親からの情報によって，C子に起きている危機が明らかになってきた。すなわち，①D男と交際するようになってから，学校生活や生活態度が乱れてきた，②①と関連して，D男からの被暴力（「デートDV」）の可能性がある，③性行為を行っている可能性がある，という3点である。そしてまた，母親とC子の仲は決して良好とはいえない状況であった。

　この時，C子の危機を救うために考えなければならないことはどんなことが挙げられるだろうか。

（解答例）
- 母親はどのようにC子に接していけばいいのか。家庭での働きかけをどうするのか。
- C子本人は，自分の状況をどのように考えているのか（危機と感じているのかどうか）。
- C子の被暴力をどうしていくのか。
- C子の性行為の危険性をどのように本人に認識させるのか（持病との関係を再確認させる）。
- 学校組織の支援をどのように展開していくのか。
- 担任教師，養護教諭，スクールカウンセラーからの働きかけをどうするのか。

〈Question 2：行政機関との関わり〉

　この事例の場合，どのような行政機関との関わりが考えられるだろうか。

++ Session 2　対　　応 ++

①学校内の援助の検討―「援助チーム」の形成―
　学校の生徒指導部会で「援助チーム」を形成し，C子の抱えている問題に対する援助を検討していくことになった。「援助チーム」での検討の結果，3つの援助方針が決定された。3つの援助方針は，①「C子が受けている被暴力」に対して，スクールカウンセラーが中心となりC子と面談を行い，C子が「被暴力についてどのように認識していて，どうしたいのか」ということを確認していく。②「C子の性非行（性行為）」に対して，養護教諭が中心となりスクールカウンセラーとともに面談を行う。そして，担任教師，学年主任，教育相談員と情報共有を図りながらC子の心身の安全を見守っていく。③「関係する専門機関との連携」に対して，医療機関（C子の主治医がいる病院）や教育相談所そして少年サポートセンターとの連携を検討していく。連携を検討していく際には，スクールカウンセラーが繋ぎ役となり情報を整理し援助サービスを展開していくことになった。

②C子の被暴力に対しての認識について
　スクールカウンセラーは，C子に対して面談を行った。面談では，D男からの暴力はあるのかという確認や，もしあるとしたら暴力についてどのように思っていて，どうしたいと思っているのかということを，C子の意見表明を尊重した上で働きかけを実施していった。
　C子が語った被暴力に対しての認識は，「D男が好きであり，お母さんとか周りが言うほど，ひどいとは思っていない」「だけど，たまに，すごく恐くなる」「強く叩かれるときもある……叩くのはやめてほしい」ということであった。このように，C子は，D男のことは好きであるが，暴力はやめてほしいという

ことを語ったことから，交際相手から暴力を受けるといういわゆる「デートDV」の問題に対して，内閣府や文部科学省などの教材をもとに一緒に考えていった。

③C子の性非行（性行為）に対しての認識について
　養護教諭は，C子に対して性行為の危険性について面談を行った。C子には持病があり，その持病と性行為の危険性や中学生という発達的側面からの課題について働きかけを行った。
　C子は性行為に対して，「D男が好きで，断ると雰囲気が悪くなっちゃうから，断りにくくなる」「病気のこともあるけど，薬を飲んでいるから大丈夫だと思っている」ということを話した。養護教諭は，危険な行為でもあるので雰囲気を悪くしてしまうかもしれないけど，断ることも大切であるという内容を指導していった。
　スクールカウンセラーは，C子の話した内容について母親とも連絡を取り，そして，また担任教師，学年主任，教育相談員と情報を共有しながら，C子の学校生活での些細な変化を見逃さないように体制整備を図った。生徒指導部会では，情報を管理職に報告するとともに援助の検討を実施していった。

④関係する専門機関との連携
　学校の生徒指導部会や「援助チーム」での検討では，やはり援助の展開に限界があった。そこで，C子の抱えている問題から，医療機関（C子の主治医がいる病院）や教育相談所そして少年サポートセンターとの連携を検討していくことになった。
　医療機関のこれまでの支援について，母親から持病のことと関連して情報を得ていたこともあり，他の機関でも持病についての情報を開示して援助を検討していった。持病の情報開示については，母親の同意を得て行った。
　スクールカウンセラーは，母親に対して教育相談所の役割と機能の説明を行い相談することを促した。母親に教育相談所の窓口を紹介し，相談の上でどのような援助を考えてくれるのかということを確認していくことにした。
　少年サポートセンターに対しては，スクールカウンセラーがC子の状況につ

いて直接担当者に伝えた。少年サポートセンターの援助は，あくまでも警察の一機関として直接Ｃ子やＤ男に働きかけていくということであった。学校・母親と連携して援助にあたり，スクールカウンセラーが学校の窓口となることが確認された。

✚✚ Session 3　事例にみる関係機関の連携 ✚✚

　Ｃ子の事例から，関係機関との連携の在り方を考えてみよう。そこで，Ｃ子と関係機関との関わりをモデル化した。
　─▶は，「関わり」を，☐は，行政機関を表す。

〈Question 3：Ｃ子をサポートした関係機関〉
　（　　　）の空所に，該当すると思われる行政機関の名称を記入しながら考えてみよう。

①問題の把握
　母子家庭であり，生活のためにフルタイムで仕事に出ており，母親とＣ子の生活リズムが合わないこともあり，言い合いが絶えなかった。このような状況の中，母親の相談を受け，スクールカウンセラーや養護教諭，担任教師など学校による支援がはじまった。
　Ｃ子の抱えている問題に対する援助の検討を行い，３つの援助方針（①被暴

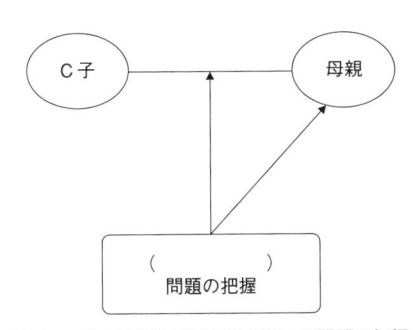

図6-1　SCによるＣ子の抱えている問題の把握

力の問題，②性非行の問題，③専門機関との連携）に沿った形で援助を検討できた。そして母親は，具体的な援助案を提案されたことによって，信頼感や安心感を得たといえる。

②教育関係機関との連携の模索―縦割り行政の弊害―

　母親は，スクールカウンセラーの勧めがあったことから，教育相談所に相談に行った。しかしながら，教育相談所からは「様子を見守っていってください」ということだけであったことから，母親は「話にならない」という印象を持ったようであった。このことは，教育相談所から学校長あてに連絡が入り，「被暴力や不純異性交遊」の問題に関しては話を聞くことしかできないので，他の的確な施設で援助を検討してもらいたいということであった。このことから，教育相談所とは，情報交換は行っていくことで確認された。

　教育相談所は，本来，不登校やいじめ問題をはじめとして生徒指導上の問題に対応していく役割と機能を有している行政機関である。よってスクールカウンセラーは性非行に対しても対象であると判断し，母親に紹介していた。しかし，教育相談所における援助体制という事情もあると思うが，全く援助を検討してもらえなかったという印象から，具体的に連携を図っていこうという思考にはならなかった。ここにいわゆる，行政の「縦割り」が指摘できる。つまり，不登校やいじめ問題であれば，援助を検討できるが，「被暴力や不純異性交遊」

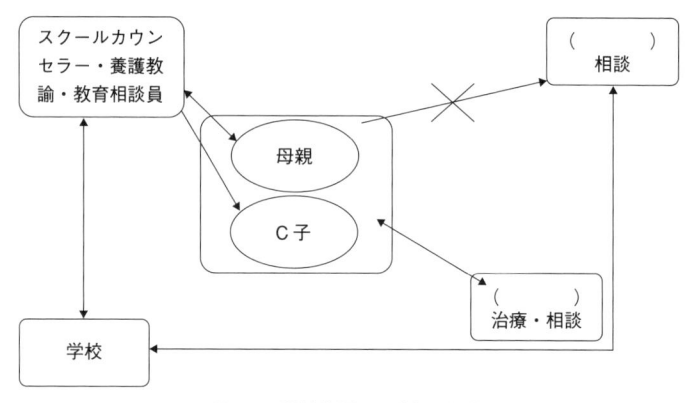

図 6-2　関係機関との連携の模索

に関しては対応することができないということである。

③医療機関との連携

　Ｃ子は持病に関して，性非行のことを母親からとがめられるということがあった。その際に，Ｃ子はひどく反発し「何が悪い」「関係ない」という強い口調を発して家で暴れてしまったということがあった。その後Ｃ子は，医療機関から処方されている薬を規定以上に服用したことによって，近所の病院に運ばれていた。そのＣ子のできごとは，母親からスクールカウンセラーに報告され，医療機関で伝えられた注意事項等を学校組織として把握して援助にあたるようにした。

④少年サポートセンターとの連携

　教育相談所との連携が上手く展開できなかった要因は検討する必要があるが，Ｃ子の抱えている問題に対する援助を一刻も早く行っていくために，少年サポートセンターとの連携を模索していった。警察の組織である少年サポートセンターからは，少年警察として，Ｃ子と直接会い対応にあたっていくことが示され，学校外のことにおいても対応していくという援助方針が語られた。そしてまた，Ｃ子の深夜徘徊があったことから，深夜の学校付近でのパトロールや補導活動を強化していくことが確認された。母親においても，本人への援助を強

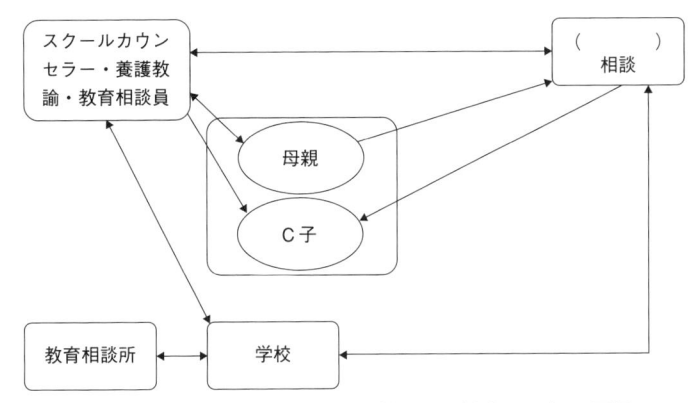

図6-3　少年サポートセンターとの連携による援助サービスの展開

く願っていたことから，学校と少年サポートセンターとの連携が上手く機能していった。

　少年サポートセンターと学校そして母親との援助の検討では，C子にとって，「これまでの自分の行動について自覚すること。そしてD男との今後の付き合い方は，再度自身で考えさせること」が，C子にとっての「最善の利益」に繋がるという認識で一致し援助を実施していった。

　学校でのC子の面談を継続しながら少年サポートセンターと連携を図っていった結果，C子はD男から暴力をふるわれそうになった時には強く断ることや拒否反応を示すことができるようになってきた。そしてまた，少年サポートセンターでは，C子から今までの自分の行動の反省が語られるようになった。C子と母親との関係も徐々によくなっていった。C子の反省が語られるようになってから，D男との関係にも変容をみせ円満に距離を置くことでき，「被暴力や不純異性交遊」の問題の解決がなされていった。これは，少年サポートセンターと学校そして母親との連携が上手く機能した結果といえ，援助方針の共有や定期的な連絡・報告が大きな鍵であったといえる。

✚✚ Session 4　臨床的な行政機関の連携のあり方 ✚✚

　連携を形づくったベースになったのは学校の「援助チーム」であった。学校がC子の「最善の利益」における援助方針を決定し，関係行政機関への援助を仰ぐ形で展開していった。C子の抱えている問題からして，学校で行える援助は限界があり，専門機関と連携していこうとする思考が大切であったといえる。

　少年サポートセンターとの連携が上手く機能した。上手く機能した要因としては，少年サポートセンターがまさにC子のような問題に対応する専門機関であったことが挙げられよう。そして，上手くC子の置かれている状況について伝えられたということが指摘できる。担当者同士が直接，「顔のみえる」関係性を構築でき援助を検討していけたことが解決へと繋がったと考えられる。そしてまた，学校やスクールカウンセラーは，少年サポートセンターがどのような機能や役割を有しているのかということについて把握していたことも効果的な援助の展開に繋がった。

> **Tips**
>
> 　**少年サポートセンター**とは，少年が罪を犯して検挙される前段階で関わる警察の施設である。20歳未満の少年についての相談，街頭での補導，非行問題等を抱える少年に対し継続的に関わり，立ち直りを支援する活動などの他，講演など各種広報活動等を行う。また，被害を受けた少年の精神的ダメージを軽減するための面接等による支援を行うことを目的としている。
>
> 　**教育相談所**とは，「地方教育行政の組織及び運営に関する法律」に基づき地方公共団体が設置する教育相談機関で，児童生徒の学業，性格，問題行動等，身体・精神の健康，進路，家庭生活など教育上の諸問題について，面接，電話，文書等により相談業務を実施している。児童生徒の問題行動に関する相談については，基本的な対応が中心であり，深刻化している問題については，他の相談機関の紹介を行っていくことを目的としている。

引用・参考文献

瀧野揚三　2011　学校危機対応におけるチーム援助　児童心理，65(3), 86-92.

Pitcher, G. O., & Poland, S.　1992　*Crisis intervention in the schools.* New York: Guilford Press.（上地安昭・中野真寿美（訳）　2000　学校の危機介入　金剛出版）

7 児童虐待への支援と連携
―教育関係機関と福祉関係機関―

■ 事例の概要

　本事例は，D子（小学校6年生，普通学級在籍，女児）の発達障害という特性や離婚した夫へのネガティブな思いに耐えられなかった母親による身体的および心理的虐待に行政機関が対応した事例である。

　D子は学習の遅れや，道や場所が覚えられない，友だちとのトラブルが絶えないという特性があり，特別支援校内委員会（担任，学年主任，スクールカウンセラー，管理職）や市の巡回相談員によって援助会議を展開していた。

　D子と父親との間に血の繋がりはない。母親はD子が生まれてすぐに離婚し，その後，再婚している。妹が1人（小学3年生）いる。父親は，海外出張が多く，月に数日程度，家に帰ってくるという状況であった。D子は，自分と父親の血が繋がっていないのを知っている。

　5年生の3学期あたりから，友だちとのトラブルが絶えなくなり，学級で突然暴れ出すという状況がみられるようになった。そしてまた，母親に対して暴言を吐くということや手をあげるという行動がみられるようになった。D子の暴言に対して，母親は「売り言葉に買い言葉になってしまい，自分でも抑えきれなくなっている。また，自分からも頭にきてD子に酷いことを言ってしまう」と語っていた。

　ある日，D子が家で暴れ警察が介入したことにより，母親の虐待が強く疑われることになり，児童相談所が介入し学校職員とともにD子の援助サービスを展開していった。

■ 関わった機関

福祉関係機関：児童相談所

教育関係機関：小学校

司法・矯正関係機関：警察

その他（教育関係機関）：市の巡回相談員（本来的には行政による機関とは呼べない諸機関（カウンセラーや巡回相談員）についても，組織の構造や機能から関係機関として表記している）

■ 子どもの権利から

　子どもの虐待という状況は，子どもの心身の成長および人格の形成に重大な影響を与えるとともに，次の世代に引き継がれるおそれもあるものであり，子どもに対する重大な権利侵害である。子どもの「生きる権利」「育つ権利」そして「守られる権利」を保障していくために，親や保護者による虐待や不当な扱い・搾取から子どもを保護することが求められている。国は虐待から子どもを保護するために，立法・行政・社会教育および司法の関係のための手続きを含めた措置をとると明記している（第19条）。加えて，性的搾取・虐待からの保護を明記している（第34条）。

　そしてまた，子どもが心身ともに成長していくには，親・保護者をはじめ大人の保護や愛情を受けることが重要であり，家庭的環境で養育される（育つ権利）権利が保障されている。家庭的環境での養育が侵害されている子どもに対しては，国によって代替的擁護の措置をとることが求められている。代替的擁護については，里親委託や養子縁組が明記されている（第20条）。そして，第21条は「子どものための養子縁組」を明確に示している。

〈児童虐待防止法〉

　子どもの虐待に対しては，2000年に「児童虐待防止法」が施行された。そして，2004年の改正法によって「児童虐待を受けた児童」とされていた対象児童を「児童虐待を受けたと思われる児童」に範囲を広げている。児童虐待法に関係する者として，児童の福祉に職務上関係するスクールカウンセラーが含まれる。また，発見して通告するだけでなく，防止のための教育と啓発に努めなけ

ればならない。親・保護者の「不適切な養育（関わり）（マルトリートメント：maltreatment）」があれば積極的に関与していかなくてはならない。そうした関わりの中で，明らかに虐待とされる行為が発見されたり，緊急対応を要する危機介入が必要になる時は法的介入を要請することになる。

参考条文
第19条（虐待―放任からの保護）
1　締約国は，児童が父母，法定保護者又は児童を監護する他の者による監護を受けている間において，あらゆる形態の身体的若しくは精神的な暴力，傷害若しくは虐待，放置若しくは怠慢な取扱い，不当な取扱い又は搾取（性的虐待を含む。）からその児童を保護するためすべての適当な立法上，行政上，社会上及び教育上の措置をとる。
2　1の保護措置には，適当な場合には，児童及び児童を監護する者のために必要な援助を与える社会的計画の作成その他の形態による防止のための効果的な手続並びに1に定める児童の不当な取扱いの事件の発見，報告，付託，調査，処置及び事後措置並びに適当な場合には司法の関与に関する効果的な手続を含むものとする。

第20条（家庭環境を奪われた子どもの保護）
1　一時的若しくは恒久的にその家庭環境を奪われた児童又は児童自身の最善の利益にかんがみその家庭環境にとどまることが認められない児童は，国が与える特別の保護及び援助を受ける権利を有する。
2　締約国は，自国の国内法に従い，1の児童のための代替的な監護を確保する。
3　2の監護には，特に，里親委託，イスラム法のカファーラ，養子縁組又は必要な場合には児童の監護のための適当な施設への収容を含むことができる。解決策の検討に当たっては，児童の養育において継続性が望ましいこと並びに児童の種族的，宗教的，文化的及び言語的な背景について，十分な考慮を払うものとする。

第21条（養子縁組に対する配慮等）
　養子縁組の制度を認め又は許容している締約国は，児童の最善の利益について最大の考慮が払われることを確保するものとし，また，
（a）児童の養子縁組が権限のある当局によってのみ認められることを確保する。この場合において，当該権限のある当局は，適用のある法律及び手続に従い，かつ，信頼し得るすべての関連情報に基づき，養子縁組が父母，親族及び法定保護者に関する児童の状況にかんがみ許容されること並びに必要な場合には，関係者が所要のカウンセリングに基づき養子縁組について事情を知らされた上での同意を与えていることを認定する。
（b）児童がその出身国内において里親若しくは養家に託され又は適切な方法で監護を受けることができない場合には，これに代わる児童の監護の手段として国際的な養子縁組を考慮することができることを認める。

> (c)〜(e)(省略)
>
> **第34条（性的搾取・虐待からの保護）**
> 締約国は，あらゆる形態の性的搾取及び性的虐待から児童を保護することを約束する。このため，締約国は，特に，次のことを防止するためのすべての適当な国内，二国間及び多数国間の措置をとる。
> (a) 不法な性的な行為を行うことを児童に対して勧誘し又は強制すること。
> (b) 売春又は他の不法な性的な業務において児童を搾取的に使用すること。
> (c) わいせつな演技及び物において児童を搾取的に使用すること。

✛✛ Session 1　事例の概要 ✛✛

①D子の発達障害への支援，学校での様子

　算数の授業。D子は教科書も開かず，先生の話を聞いている様子もない。ただつまらなそうに一方を見続けていた。D子は算数以外の教科では比較的集中している場面がみられるため学級担任の中には「このままでよいのか……」という不安が生じていた。友だちの数は多い方ではなかったが，最近はクラスメイトとのトラブルが顕在化してきている。給食の時間になれば「私の給食に何か入れただろう！」と給食当番のクラスメイトを責め，その児童の給食を奪うといった行動もみられた。また，D子は冗談が通じずクラスメイトの冗談を本気で受け止め，怒りを顕にしてその児童に手を加えてしまうということがしばしばみられるようになっていた。しかしながら，クラスの児童はD子の性格を受け止めて付き合っていた。仲のよい友人も2人おり，クラスではD子の居場所はあるようであった。ただD子は落ち着いている時もあれば，たまに感情や行動が抑えられないといったことがある。以上のようなことから担任は学校の特別支援校内委員会の援助会議を経て，学習面や対人関係面での支援の仕方についてより専門的な助言を得ようと考えて，市の巡回相談の依頼をすることにした。

②巡回相談員によるアセスメント

　巡回相談員2名が学校を訪問し，授業参観等による行動観察，担任との面談

および校内委員会チームへの助言が行われた。

授業参観等によるD子の行動観察

　授業中は全体から逸脱した行動はみられないが，得意・不得意教科による学習態度の違いが大きくみられた。やはり算数の授業においては，教科書をなかなか開かず，つまらなさそうにしていた。教科書を開く場面もみられたが，黒板による説明と教科書の内容を見比べることはほとんどなく一方を見続けていた。それに対し社会の授業では，黒板と教科書，先生の説明と教科書を見比べながら，授業の流れを先読みしているような集中力がみられた。休み時間には，観察に来た巡回相談員に対して「どこから来られましたか？」といきなり質問してくる場面がみられた。

巡回相談員と学級担任・管理職との面談

　D子は4，5年生の時には，怒りを顕にしてその児童に手を加えてしまうというような行動はみられなかった。しかし6年生になり，たまにではあるが他児とのトラブルがなぜ出てきたのか学校では気になっていた。それが，思春期による心理的なものなのか，さらなる発達的な援助サービスを検討していく必要のあるものなのか判断しかねていた。巡回相談員からは，D子は認知面にア

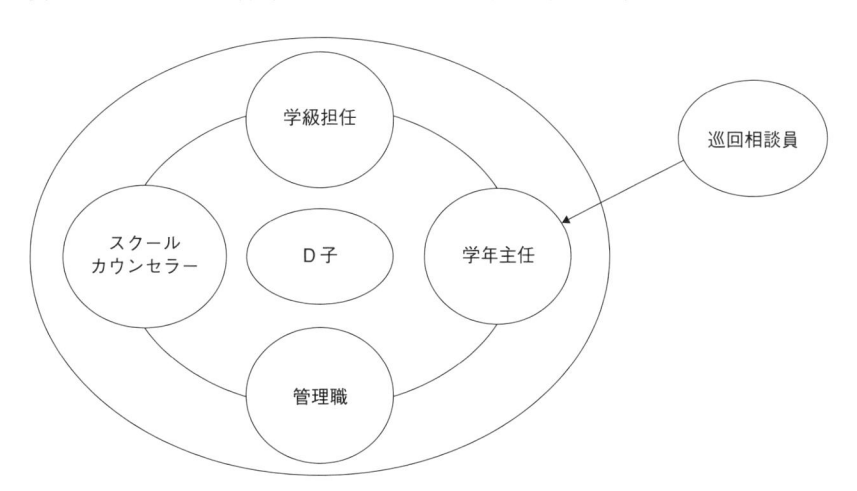

図7-1　D子の抱える問題に対する巡回相談員との検討

ンバランスなところがあり対人関係における文脈理解の側面をさらに客観的に検査する必要性があることが語られた。D子の状況を捉えるためにも，WISC-Ⅳ検査を実施することになった（母親の同意のもと）。つまり，これまでに大きな問題行動を起こしてこなかったD子に対して，どのようなことが要因としてあるのかを発達的な側面から改めて状況を確認することになった。

D子の発達状況について

　巡回相談から1週間後にスクールカウンセラーは，認知面の検査であるWISC-Ⅳを実施した。その結果，検査項目の下位尺度である「迷路課題」の評価点が極端に低く，視覚的パターンをたどって見通す力の弱さが明らかになった。つまり，状況を「見通す力」に課題があることが友人関係のトラブルが出てきたことの要因の一つとして考えられた。そこで学校での援助方針として，日課では担任が適宜D子を呼び寄せて，次の取るべき行動について（何をすべきか，どのようなことになるかなど）やりとりを行っていくことが確認された。

　母親には，「見通す力」について報告した上で，家庭においてできるだけ触れ合う時間を設けてほしい，そして，D子が学校でのできごとを話す際にはゆっくり聴いてあげてほしいということを確認した。その際に，母親は「生活が苦しく，パート勤務でなんとか生活のやりくりをしているので……できる限り努力してみます」という返事であった。

③D子のトラブルの表面化

　母親に対して行われた報告から2週間ほど経過した時期であった。ある日，D子は友人（E子）と消しゴムの貸し借りで言い合いになったことを発端に，殴りかかってしまった。E子はD子の攻撃をかわしながら教室を逃げ回り，クラスが騒然とした状況になった。やがて，D子は，椅子を持ち上げところかまわず投げはじめ，「むかつく」「うるせえ」「ふざけるな」など，今まで一度もD子の口から聞いたことのないような言葉を発していた。D子が暴れて収拾がつかなくなった時に，男性教員が駆けつけてD子を押さえつけて，いったん状況を治めた。男性教師に押さえつけられながら，全く関係のない母親に対しての暴言，「バカ」「むかつく」ということを発していたことに担任は違和感を覚え

ていた。別室に移し少し落ち着いた際に、スクールカウンセラーがD子と面談した。

　D子は、E子に暴力をふるってしまったことに対して罪悪感を抱いているようで、「本当にごめんと言いたい。許してもらえないかもしれないけど、また友だちになりたい」と語っていた。そしてまた、教室で椅子を投げたことに関しては、「もう、どうでもいいやという感じになってしまった。E子ちゃんにぶつけようとかは思っていない」「けど、自分でもどうしようもなくなって、投げてしまった」と語り、反省している様子であった。そしてまた、母親の話題になると表情が険しくなり、担任が違和感を覚えたようにスクールカウンセラーもまた心配であった。D子は母親とケンカはするが、別に何とも思っていないというような返事をし、もう落ち着いたから教室に戻りたいという意思を示した。トラブルの原因となった消しゴムの貸し借りについて、E子と確認しD子が暴力のことに対して謝罪をする形でその日は終わった。

　担任は、D子の他児への暴力や教室で暴れたことと、母親に対する暴言がみられたという事実を母親に伝えた。母親からは、「うちの子が申し訳ないことをした。相手（E子）の保護者に連絡をして謝りたい」ということが語られ、また、「D子にもよく言って聞かせます」ということであった。担任は、「あまり叱らず、よく話しを聞いてあげてくださいね」と助言し電話を切った。

④**警察の介入**

　D子がトラブルを起こしたその日の夜のことであった。D子の家に警察が介入することになったのである。D子は家で母親に対して、「こんなのいらねーんだよ」「ぐず、はやくしろ」「なにやってんだ」という暴言をはき、大声で叫んだりモノを投げたりして暴れていた。その騒ぎが尋常ではないと感じた近所の人が警察に通報したようであった。

　警察が到着してすぐ、母親がD子を殴ってしまった。母親とD子にそれぞれ別室で事情を聞いた警察が、児童相談所にしばらく保護するほうがよいと判断したらしく、D子は児童相談所に一時保護されることになった。保護することに関しては、母親も同意しており、D子もはじめは嫌がっていたが、警察官からなだめられ、頭を冷やす意味も込めていったん児童相談所に行くことを決め

た。警察が保護を判断したのは，家の中が悲惨な状態（ガラス割れ，家具が散乱している状態）であったために，ここでD子と妹（小学3年生）を寝かすのはどうかと感じたことと，D子と母親との間に何かわだかまりがあるのではないか，そして一度距離を置くべきだと考えたようであった。夜間に連絡を受けた児童相談所では警察からの連絡であり，また保護者・本人が同意しているという観点から「一時保護」という対応になった。

　事態の概要については，翌朝に児童相談所から校長あてに連絡が入り，教職員が知ることになった。教職員の間では「まさか，家でそんなに暴れるとは……」「昨日のE子とのトラブルが原因ではないか」「何か悩みがあるのではないか」といった驚きと憶測が入り交じる会話が交わされた。クラスの児童に対しての説明は，「体調を崩して，しばらくお休みするかもしれない」ということを伝えることにした。そしてまた，担任は母親に対して，スクールカウンセラーに話してみることを提案した。その提案に対して，母親も是非ともお願いしたいということで面談が実施されることになった。

〈Question 1：アセスメント　問題状況の把握〉
　D子の起こした事件によって，警察や児童相談所が介入することになった。D子はこのように家で暴れて，手が付けられなくなるということは一度もなかった。この時，D子の身にどんなことがあったと考えられるだろうか。そして，母親はスクールカウンセラーとの面談を希望しており，母親も悩みを抱えていることが推察される。母親に対する支援はどのようなものが考えられるだろうか。また，担任は母親とどのように関わっていけばよいだろうか。

（解答例）
- D子の周りに6年生になった時からの変化はあるのか。
- 母親の悩みは，子ども理解や母親自身のものかもしれない。
- 母親の悩みを聴いた上で，担任やスクールカウンセラーが寄り添っていく

ことが大切であろう。

✢✢ Session 2　対　　応 ✢✢

①Ｄ子を愛せない―母親の想いと葛藤―

　スクールカウンセラーは母親と面談を行った。主に，Ｄ子が家で暴れた時の状況やその背景について母親と話を進めていた。なぜなら，まずＤ子に対する援助方針を検討する手立てを探る必要があったからである。母親は，その日にあったことを詳細に話してくれた。まず，Ｅ子とのケンカについて，どうしてそんなことをしたのかということを聞くことからはじまった。はじめは，Ｄ子も素直に受け答えしていたが，母親自身がなぜ，消しゴムの貸し借りだけでそんなに怒る必要があったのかわからなくて，結構きつく問いただしていたということであった。そのうち，Ｄ子の表情が鋭くなり，母親を睨むようになった。その態度に腹を立てて，謝るように要求したがなかなか謝らず，母親も意固地になってなんとしても謝らせようとして怒鳴るようになりケンカに発展してしまった。母親もパートで疲れて帰ってきており，そのいらだちをぶつけるようになってしまった。そして，気持ちが高まって叩いてしまったところを警察官にみられてしまったとのことであった。

　一連の経緯を話し終えたところで，母親は「先生実は」という形で本当の悩みを語りはじめた。

　　母親　「先生実は，私あの子のことを愛せないんです」
　　ＳＣ　「はい。そうなんですか」「何か要因があったんですか？」
　　母親　「要因というか。愛そうと努力はずっとしているんですけど……，別れた夫との子どもであの子をみていると，どうしても夫のことを思い出してしまうというか……」
　　ＳＣ　「はい」（うなずく）
　　母親　「あの子が生まれてからすぐに離婚しているんですけど，離婚までも大変だったしその後の生活も再婚するまで決して楽じゃなかったんです。今も楽じゃないけど，当時はあの子さえいなければ，私は

もっと幸せになれるのに，どこか他のところに行きたいと思っていました」

ＳＣ 「なるほど。つらかったですね」

母親 「つらくて大変でした。保育園に預けながら，朝から晩まで働いていわゆる母子家庭でしたので……。それに加えて，ちょっと他の子どもとは違うなという違和感も心配でした。全然，他の子どもと遊べなかったんです。言葉も遅くて……」

ＳＣ 「はい」（うなずく）

母親 「それに加えて，やっと小学校に上がったと思ったら友だちとのコミュニケーションのトラブルで担任の先生に呼び出されたりして……。小学１，２年生の時は頻繁にありました。小学３年生からここへ引っ越してきたのですが，本当にトラブルの多い子でした」

ＳＣ 「そうなんですね。こっちに来てからは，そんなにトラブルはなかったですね」

母親 「そうなんです。実は，小学２年生の時にコミュニケーションの発達障害があるかもしれないといわれました。診断はまだないんですが，おそらくそうだと思います」

ＳＣ 「はい」（うなずく）

母親 「本当につらくて。前夫のことと，学校で上手くできないということが重なって，なかなかあの子に優しくできなかった。今もその感情はあります。それで，今の夫と再婚する時，３年生の時にこっちに引っ越してきました。引っ越してからは，少し落ち着いてくれてトラブルとかは少なくなってきたのかなって思っていたんですが」

ＳＣ 「はい。確かに，友人トラブルというよりは，学習面とかでしたもんね」

母親 「そうです。勉強の方は発達の障害もあってか，全然できなくて……。でも，やっぱり，好きになれないんです」

ＳＣ 「はい」

母親 「これまでにも，あの子と言い合いみたいのがあって。あの子も言い返すし，売り言葉に買い言葉じゃないけど……。「あんたなんか

産まなかったらよかった」「もう死んで」と言ってしまうこともあったんです」
ＳＣ 「そのような言い合いがあったのはいつ頃ですか」
母親 「それが，５年生の終わり頃で……。それから，言い合いになると，そう言ってしまうことがありました」
ＳＣ 「なるほど。そしたらＤ子もつらかったかもしれませんね」
母親 「これから，どうしていったらいいのかわからない。Ｄ子との接し方がわからない。いつも自分の子どもなんだからと思うようにしても，どうにもならない時がある。下の子とは全く違った感情で。下の子に対しては，素直にかわいいと感じるんです」
ＳＣ 「わかりました。話してくれてありがとうございました。これから，どうしていけばいいのか，一緒に考えていきましょう。Ｄ子がどのように，お母さんを思っているのかも気になります」
（※話してもらった内容を学校や関係機関に伝えることも同意してもらった）

このように，母親のＤ子に対する想いが語られた。つまり，①母親は前夫とのネガティブな思い（離婚するまでの経緯やその後の母子家庭での苦労）をＤ子に投影してしまっており，前夫への憎しみをＤ子から感じ取ってしまっていたこと。そして，②発達障害ということから友だちとのトラブルが絶えなかったことも輪をかけて，Ｄ子を愛せないという感情になっていたことがわかった。また，Ｄ子の友人関係のトラブルが目立ちはじめた時期が，母親との言い合いが盛んになった５年生の終わりからであったことから，Ｄ子にとっても抱えきれない悩みがあると想像された。

スクールカウンセラーは，母親との面談結果を管理職に伝えた。そして，校内会議（学級担任，学年主任，管理職，スクールカウンセラー）を開き，Ｄ子とともに母親への援助サービスをいかにして展開していくべきかを検討した。その結果，児童相談所に対して，母親面談から得られた情報を共有し援助会議を開くよう要請することになった。そしてまた，Ｄ子に対しては母親への想いを確認するとともに，心のケアに努めていくことが確認された。

②児童相談所との援助会議

　児童相談所に対して，母親面談から得られた情報を共有し援助会議を開くことになった。D子が一時保護されて1週間が経過していた。児童相談所の児童心理司2名が来校し，学級担任，学年主任，管理職，スクールカウンセラーとでD子および母親に対する援助サービスを検討した。まず，児童相談所からD子の所内での1日の様子などを踏まえながら，元気に笑顔で過ごしていると報告された。そして，D子の担当である児童心理司は，D子は時折悲しそうな表情を見せることがあり，少し心配であるということが語られた。やはり，母親との関係で悩みを抱えていると感じられた。

D子に対する援助方針

　情報の共有によって，まず母親からD子に対する「虐待」があるという認識で一致した。それは，一度でも「あんたなんか産まなかったらよかった」「もう死んで」という言葉は，子どもにとっては非常に大きな影響を与えるものであり，決して許されるべき言葉ではない。この他にも，D子の心をひどく傷つけるような言葉がある可能性も高い。そしてまた，母親は妹との間で差別をしており，D子にとっては心理的虐待にあたると確認された。D子の体にはアザ等はなかったが，D子から母親に叩かれたことや警察官の目の前でも叩いていることから，身体的虐待についても高い危険性があることが確認された。母親は，感情が高まってしまうと言葉がきつくなったり，手が出てしまうということがあり，今回の事件以前にも心理的・身体的虐待が行われていた可能性が高いという認識で一致した。そこで，D子に対する援助サービスについては，もう少し児童相談所で保護を行い家庭に戻せるかどうか引き続き検討していくことになった。また，D子に対しての面談を行い「被虐待児」として心理的サポートをしていくことで了解された。

母親に対する援助方針

　スクールカウンセラーとの面談においても，母親自身D子との関係について悩みどうにかしたいと考えていた。しかしながら，その仕方がわからない。そして何よりも，母親の前夫とのネガティブな思いをD子に投影している可能性

が高かった。虐待問題を抱える親は,「虐待をやめたい」と苦しんでいるケースが少なくない。そこで,母親に対しては学校を基本として,児童相談所においても定期的に面談を実施していくということになった。学校としては,スクールカウンセラーとの関係性もできていることから,定期的に母親の苦戦していることを丁寧に聴いていくことになった。同時に,児童相談所においても面談を実施し,「虐待」ということに関して,向き合っていく作業に援助を行っていくことを確認した。

そしてまた,D子および母親に対する援助サービスの状況については,定期的に双方が情報交換をしていくということを取り決めて援助会議を終えた。

〈Question 2：行政機関との関わり〉

母親からD子に対する心理的虐待・身体的虐待の可能性が生じた。児童相談所と学校が繋がったことによって,児童相談所と一緒に援助サービスを展開していくことになった。児童相談所とはどういう役割を果たす行政機関だろうか。虐待問題の他にどのような援助サービスを行うことができるだろうか。児童相談所の機能と役割について考えよう。また,効果的に連携していくためには,どのような要因が重要であると考えるか。

（解答例）
- 児童相談所は,子ども,家庭についての診断,調査,それに基づく指導のほか,一時保護,巡回相談,児童福祉施設や里親,職親への斡旋なども行う。そしてまた,知的発達の遅れ,肢体不自由,言葉の遅れ,虚弱,自閉傾向で悩む子どもや保護者への援助を展開している。
- 効果的に連携していくためには,学校で把握している情報を正確に伝える。その際に,事実と憶測をしっかりと区別し,児童相談所で行ってもらいたいあるいは,可能な援助サービスについて明確にする。

③D子の母親に対する想い

　児童相談所は，D子に対しても面談を実施していった。そうしたところ，D子は母親に対して大事にされていないのではないかと感じていた。例えば，幼少期は自分の主張が絶対に許されることはなく，着る服も母親が決めたものしか着ることができなかった。それに，わがままも言えるような状態ではなかったと語っていた。それは，母親が離婚したばかりだった時であり，D子を育てるのに精一杯だったと時期と重なる。また，母親から「冷たい視線」を感じることが多くあったようである。「それも自分にだけ，妹には私にするような「冷たい視線」をみたことがない。服の件だって，今妹は好きなものを選ばせてもらっているし，わがままも聞いてもらっている，そんな妹に対してすごくうらやましいと思う時がある」と話していた。

　そしてD子は「勉強も覚えるのがすごく遅くてどうしようもない時もある。それで，友だちとケンカみたいになった時もあり，そのことによって母親が学校から呼び出されることもあった。そういうことが，母親から嫌われている原因かと感じていた。でも，わからないものはわからないし……。自分でもどうしてケンカになっていたのか，よくわからない時もあった。そしてまた，自分が，母親から「冷たい視線」とかを送られるのは，私だけ家族全員とは血が繋がっていないからと感じていた。それで，もう何でもいいやってなって暴れてしまった。でもやっぱり「産まなかったらよかった」とか言われた時は，ちょっとショックだったし，いないほうがいいんだと思った」と話した。

　そして父親のことに対しては，あまり帰ってこないから特に印象はないが，嫌いでも好きでもないということであった。ただ，父親が帰ってくると，自分だけ血が繋がっていなくて，除け者にされているような感じを受けている。

④母親とスクールカウンセラーの面談

　スクールカウンセラーは，D子が児童相談所で語った内容にもとに母親と面談を行った。母親は，幼少期の頃まで悩んでいたのかということに驚きを隠せない様子でいた。母親は「確かに，当時は本当に忙しくて。生活の不安もありました。だけど，それよりもやっぱり，大きかったのは，前夫の子どもということで，何か前夫に苦しめられているような感じでいた」「そういうことが，

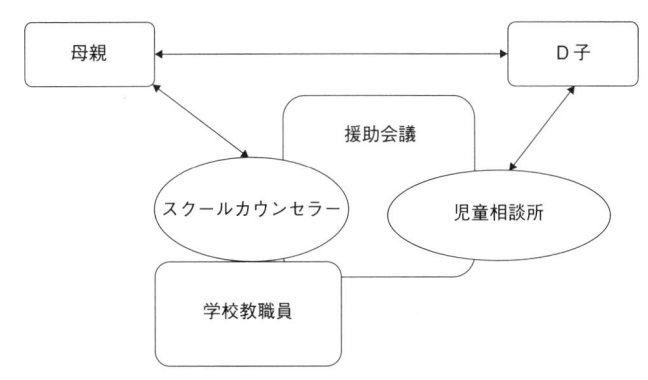

図7-2　D子と母親を支える児童相談所と学校の援助サービス

『冷たさ』に感じられたのかも」と語っていた。スクールカウンセラーとのやりとりの中で，母親自身も自分の過去からD子の問題に向き合うことができはじめていた。「D子に言ってしまった『あんたなんか産まなかったらよかった』とか『もう死んで』ということに対して謝りたい。私の前夫とのネガティブな想いとかD子の発達障害は，D子にとってはどうしようもないことだし，私がきちんとしなくてはいけないと感じるようになってきた。D子ともやり直せるなら，もう一度ちゃんと暮らしたいし，幼少期にさせてあげられなかった，わがままをできる限り叶えてあげたいと思う」と話していた。

✚✚ Session 3　事例にみる関係機関の連携 ✚✚

　児童相談所は，D子に対して母親がどのような心理状況に置かれていたのかということを，スクールカウンセラーの報告に基づいて話していった。当時離婚したばかりで，D子を育てるのにすごく苦労していて，それでも一生懸命にやっていたこと。あまり余裕がなくて（金銭的・心理的），服など自由に選ばせてあげられなかったこと。そして，D子に言ってしまった「あんたなんか産まなかったらよかった」「もう死んで」ということに対して心から謝りたいと思っているということを伝えた。D子は，黙って聞いていたが，急に泣き出してふさぎ込んだ。その様子を母親がみていて，優しく抱き寄せていた姿から，スクールカウンセラーは，上手くやっていけるのではないだろうかと感じる。

D子および母親の援助サービスは，D子の学校での苦戦が顕著になってきたということからはじまった。ある日，D子が家で暴れたことによって，警察が介入し児童相談所での援助サービスがはじまった。そこから，学校と児童相談所が連携して対応できたことは臨床行政論の観点からも重要であろう。発達障害という特性を抱えながら，「虐待」を受けていたD子と母親との関係をいかに再構築していくか，行政機関の援助サービスが問われている。

〈Question 3：D子の抱えていた問題と関わった機関・援助サービス〉

D子と母親の関係の改善の兆しがみえてきた。D子の抱えていた問題は何であったか。そのD子の問題に関して，どのような機関が関わったか。また，母親に対するどのような援助サービスが効果的であったと考えられるか。

（解答例）
- D子は，発達障害を抱えていながら，困難な家庭環境の中で苦戦した。自分の気持ちを上手く処理することができないでいた。その時に，巡回相談員や児童相談所そしてスクールカウンセラーが関わることによって，その気持ちに向き合うことができた。
- 母親は，D子の子育てに苦戦していた。母親自身も援助を必要としている現状があった。その現状をよく理解し寄り添う（児童相談所やスクールカウンセラー）ことを通して，母親も自分の気持ちやD子との関わり方について振り返ることができた。

終章 5 事例から考える行政等関係機関との連携

　［はじめに］でも述べたように，学校はさまざまな危機にあふれており，子どもたちは常に心理的な危機にもさらされている。日本は1994年に子どもの権利条約を批准しており，「子どもの心理危機」には国レベルで対応していく方針が示されている。実際，行政機関は圧倒的な援助資源と，公共性の高い職務を担っている。学校が「子どもの心理危機」に対応するためには，行政機関と連携し，適切な援助サービスを子どもに提供することが重要となってくる。

　本書ではまず，［序章］で学校心理学（石隈，1999）における3段階の心理教育的援助サービスについて説明し，危機介入とチーム援助の必要性，そして行政機関との連携における課題を述べた。［1章］では，危機管理マネジメントについて説明し，行政機関がどのように連携していくことができるのか検討した。［2章］では，子どもの権利条約の理念を示し，また行政機関の位置づけを確認した。そして，［3章］から［7章］にかけて，小学校3事例，中学校2事例，計5事例の「子どもの心理危機」に対する行政等関係機関との連携の事例を取り上げた。これらの事例から，「子どもの心理危機」に対する援助方法について，さまざまな知見を得ることができたと思う。

　そこで，この5事例を，「危機のレベル」「援助チーム結成のプロセス」「チーム援助体制」「コーディネーター」の視点からまとめ，臨床行政論からみた「子どもの心理危機」への対応を改めて考えてみたいと思う。

1．危機のレベル

　上地（2003）は学校危機の内容を「個人レベルの危機」「学校レベルの危機」

「地域社会レベルの危機」の3段階で分類できるとしている。

　本書の事例のうち，母親の一時的な機能不全による家族崩壊（3章），中学生女子の深夜徘徊と性非行（6章）は「個人レベルの危機」であると考えられる。また，発達障害を有するための学級内トラブル（4章，7章）やいじめ（5章）は「学校レベルの危機」であると考えられる。しかし，たとえ「個人レベルの危機」「学校レベルの危機」であっても，家庭内，学校内だけでは対応することが困難であることも多い。例えば，[3章] の事例では，母親と児童だけの2人暮らしの家庭で，母親が発作のために病院に緊急搬送されることになった。その場合，児童の保護のためには，学校と医療関係機関，福祉関係機関との連携が必要であった。また [7章] の事例では，両親の離婚に加え子どもが発達障害を有するために，母子それぞれに心理的危機が起きていた。学校だけでなく，司法・矯正関係機関，福祉関係機関との連携を行わねば，上手く対応ができなかった事例であった。

　このように，いかなる危機のレベルであったとしても，学校内だけでその危機を乗り越えることは困難である。学校が「子どもの心理危機」に対応するためには，危機の内容に合わせて，行政等関係機関との連携を行うことが重要であるといえよう。

2．援助チーム結成のプロセス

　石隈・田村（2003）は，援助チームを「コア援助チーム」「拡大援助チーム」「ネットワーク型援助チーム」の3段階に分けることができるとしている。結成のプロセスに至っては，「コア援助チーム」にはじまり，子どもの援助ニーズに応じて徐々にメンバーを加え，「拡大援助チーム」「ネットワーク型援助チーム」へと発展するというものである。しかし，実際には「コア援助チーム」ではなく，「拡大援助チーム」から子どもの支援がはじまる場合もある。また，「コア援助チーム」から直接「ネットワーク型援助チーム」へと発展する場合もある。各事例の援助チーム結成のプロセスから，連携の在り方を検討していくこととする。

　「コア援助チーム」から「拡大援助チーム」に広がり，「ネットワーク型援助

2．援助チーム結成のプロセス　119

チーム」へと広がった事例は，［5章］の事例である。この事例での援助チームは，生徒のいじめについて，母親からスクールカウンセラーに電話があったことをきっかけに，担任とスクールカウンセラー，養護教諭が「コア援助チーム」を結成し，学年会での検討を経て「拡大援助チーム」に広がり，スクールカウンセラーの母親への働きかけから，小児発達医療センター，県の教育相談所を含む「ネットワーク型援助チーム」に広がった。援助チームが広がるにつれて，いじめ・不登校への対応，発達障害への支援など，より重大な問題を扱えるようになったことがわかる事例であった。

「コア援助チーム」から直接「ネットワーク型援助チーム」に広がった事例は［7章］の事例である。この事例での援助チームは，学校の特別支援校内委員会の援助会議を経て，担任，スクールカウンセラー，管理職，学年主任を含む「コア援助チーム」が結成され，その後，警察，児童相談所も関わる「ネットワーク型援助チーム」へと発展した。外部の巡回相談員の働きかけから，児童に対しWISC-Ⅳ検査を実施し，発達障害に関する理解が進んだ。そして，のちに児童が家庭内暴力を行ったことを近所の人が警察に通報し，警察，児童相談所も関わり，児童の一時保護へと至る。そこから，学校と児童相談所が連携し，事件の背景にある母親による虐待の問題も扱うことにつながった。事件，事故が起きた時には，学校だけでは対応することが困難である。そのため，行政機関の介入が必要となってくる。そしてそれが，具体的な支援を進めるきっかけになる場合もある。突然起きる危機に対してどう対応していけばよいのか，示唆に富む事例であった。

「拡大援助チーム」から「ネットワーク型援助チーム」に広がった事例は［6章］の事例である。生徒の性非行について，母親からスクールカウンセラーに相談があったことをきっかけに，生徒指導部委員会での話し合いから「拡大援助チーム」が結成された。そして，生徒への対応の困難さから，医療機関，教育相談所，少年サポートセンターとの連携が検討された。残念ながら，教育相談所との連携は上手くいかなかったが，少年サポートセンターによる支援のもとで，生徒の問題の解決が進んだ。教育相談所との連携の際，「性非行や不純異性交遊」は教育相談所の管轄外であり，援助が行えないという，縦割り行政の弊害が顕になった。もし少年サポートセンターの機能と役割を，支援者が認

識していなければ，そこで支援が終わっていた可能性も考えられる。支援者となる者（特にコーディネーター）は，学外の行政機関に関する情報を把握しておくと，いざという時に役に立つ。

「ネットワーク型援助チーム」から援助を展開した事例は［3章］と［4章］の事例である。［3章］の事例では，持病を持つ母親と児童の2人暮らしの家庭に，市役所の福祉課が関わっており，母親の緊急入院に際して，学校，福祉課が連携し，児童の保護へと迅速に対応することができた。また，［4章］の事例では，自閉スペクトラム症を持つ児童の教室での問題行動に対して，学校，医療機関，家族が連携し，援助を行うことができた。どちらの事例でも，援助チームの結成当時から学校外の行政等関係機関が組み込まれているために，より専門的で幅広い援助サービスを展開することが可能であった。しかし，信頼関係が成り立たないと［4章］の事例の新担任着任前の状況のように，メンバー内の連携が上手くいかなかったがために，援助チームが機能しない場合もある。専門性の違う者同士の連携が行われる場合，考え方，価値観の違いなどが顕著になりやすい。そのような中で，どのように信頼関係を築いていくのかということは，大きな課題である。

● 3．チーム援助体制

チーム援助を効果的に促進する要因について，山口ら（2011）は，チーム援助体制を挙げている。チーム援助体制とは，チーム援助の援助者や援助組織が連携して，一つの目的に沿った活動をする際の進め方や仕組みである（山口ら，2011）。チーム援助体制を構成する要因のうち，特に①学年会・委員会の活用，②保健室・相談室の活用体制，③スクールカウンセラー等の活用体制が機能していると，チーム援助行動が促進されることが明らかとなっている。そこで，各事例において，それらの要因がどのように機能していたのか，振り返ってみたいと思う。

まず，①学年会・委員会の活用，②保健室・相談室の活用体制，③スクールカウンセラー等の活用体制のすべてが機能していた事例は，［5章］と［6章］の事例である。［5章］の事例では，いじめという問題に対して学年会が開かれ，

そこから援助チームが展開していった。また，援助チーム結成当時から，スクールカウンセラー，養護教諭がメンバーに加わっており，不登校となった生徒が学校に登校する際には，保健室を利用することになった。また，［6章］の事例では，まず生徒の性非行に関する相談をスクールカウンセラーが受け，その後生徒指導部会で援助チームを結成することになった。そして，スクールカウンセラーと養護教諭が生徒と面接を行うことと，他機関との連携に際しては，スクールカウンセラーが中心となって進めていくことが決まったのであった。どちらの事例も，問題発覚後すぐに学年会，または生徒指導部会が開かれていることが特徴的である。そこで，メンバーの役割が明確になったことから，援助行動が迅速に行われ，問題が深刻化することを防ぐ結果になったのである。

①学年会・委員会の活用，③スクールカウンセラー等の活用体制が機能していた事例は，［7章］の事例である。この事例では，発達障害が疑われる児童に対して，特別支援校内委員会の援助会議が開かれ，巡回相談を依頼することが決定された。その後スクールカウンセラーは，巡回相談員の勧めから，児童に対してWISC-Ⅳを実施し，児童がトラブルを起こした時には，児童との面談も行った。そして，警察の介入が行われる事態となった後は，校内会議が開かれ，児童相談所との連携が提案された。スクールカウンセラーは，児童相談所に保護された児童と，母親との間を繋ぐパイプ役となり，両者の関係の修復に貢献した。この事例では，①学年会・委員会の活用が十分に機能しており，スクールカウンセラーが連携の鍵となっていることから，③スクールカウンセラー等の活用体制も，上手く機能していたといえる。この児童の場合は，教室に居場所があったことで，②保健室・相談室の活用は検討されなかったが，保健室，相談室で養護教諭やスクールカウンセラーが定期的に話を聞いていれば，警察の介入が起こる前に，何かしらの手立てを打つことはできたのかもしれない。

②保健室・相談室の活用が機能していた事例は，［4章］の事例である。児童がクラスを飛び出した際に，クールダウンの場所として，保健室は大きな役目を担っていた。また，養護教諭は児童のことをよく理解しており，担任の先生にも助言を行いながら，児童の成長を見守っていた。養護教諭の助けがあったからこそ，担任は積極的に動けるようになり，その結果病院との連携も円滑

に行うことができたといえよう。この事例では，これまでの学校側の対応が上手くいかず，保護者との信頼関係を上手く築けていなかった。そのために，熱意のある担任教師の働きが大きくなったように見受けられる。もし担任が働きかけなければ，信頼関係を築くこともなく，児童の投薬治療が開始されずに終わっていた可能性もあった。チーム援助のメンバーも担任，母親，養護教諭，病院と，学校側のメンバーが少ないことが特徴的であり，①学年会・委員会の活用，③スクールカウンセラー等の活用を行うことで，より専門的に援助が行えた可能性も考えられる。

また，[3章]の事例においては，外部の専門機関が援助の中核を担ったため，チーム援助体制からは捉えることができないが，児童の危機に対して学校側が柔軟に対応し，着替えは保健室で用意するなど，①学年会・委員会の活用，②保健室・相談室の活用が上手く機能していたといえる。

以上，計5事例をチーム援助体制の視点から検討したが，各事例において，すべての要因が機能している場合もあれば，一部だけが機能している場合もあった。どの場合でも，援助が上手く行われたことに変わりはないが，要因が少ないと，問題への対応が1人の人物の負担になったり，日常における援助が少なくなったりすることが考えられる。チーム援助体制を整えることや，行政等関係機関と連携を行うことについては，学校の組織に関わることであり，一個人の力でできることには限界があるが，普段から教師同士・他機関との信頼関係を築くことを意識し，連携を柔軟に行えるようにしておくとよいといえよう。

4．コーディネーター

各種連携を行うにあたり，重要な役割を担うのはコーディネーターである。コーディネーターとは，効果的に援助チームを形成し，促進する役割を持つ人のことである。田村（2003）は，コーディネーターに求められるものとして，①援助チームでの話し合いを持つタイミングを図る，②チームメンバーの心情に配慮した話し合いの進行ができる，③話しやすい雰囲気をつくる，④専門的な知識を持っている，⑤援助案が実行しやすいようにする，⑥援助方針や援助案の修正をするといったことを挙げている。コーディネーターになる者は，こ

れらのことができる人物であると望ましい。

　コーディネーターを誰が担い，どのようにチーム援助を展開していったのか，各事例をもとに検討していきたいと思う。

　まず，［3章］の事例では，福祉課の職員がコーディネーターとして機能し，医療機関，教育機関等他の行政等関係機関へとチームを広げていった。母子2人暮らしの家庭への援助は，学校だけでは難しいところもある。そこで，福祉課という行政機関がその役割を担う方が，効果的であったといえる。

　［4章］の事例では，コーディネーターとなったのは担任であった。担任は母親との面談を設定し，病院との連絡も取り，実際に児童と関わるなど，チーム援助を効果的に機能させることができていた。担任の積極的な援助行動は，チームメンバーの信頼関係の回復に大きく貢献したといえる。

　［5章］［6章］［7章］の事例では，スクールカウンセラーがコーディネーターとして機能していた。［5章］の事例では，養護教諭，担任を含む「コア援助チーム」から学年全体を含む「拡大援助チーム」，医療機関を含む「ネットワーク型援助チーム」へとチームを広げていった。スクールカウンセラーは家庭訪問を通して生徒と関わりながら，母親へ専門機関を紹介し，生徒への援助が将来にわたって行われるように配慮した。［6章］の事例では，スクールカウンセラーは，母親に教育相談所の相談を促し，少年サポートセンターとの連携における学校側の窓口となった。［7章］の事例では，スクールカウンセラーが母子それぞれと直接面談を行ったり，その結果を踏まえて校内会議を開いたり，児童相談所と連絡を取り合ったりと「ネットワーク型援助チーム」における重要な役割を担っていた。これらの事例における「ネットワーク型援助チーム」への広がりは，スクールカウンセラーの力がなくてはできなかったことであるといえる。スクールカウンセラーはその専門性からコーディネーターとしての役割が期待され，チーム援助において重要な存在であるといえる。

　以上，計5事例におけるコーディネーターをみてみたが，共通していることとして，外部の行政等関係機関との繋がりを持てる者であるということがいえる。スクールカウンセラーは職業柄その役割を担いやすいが，コーディネーターはチーム援助を効果的に促進することができる者であれば，担任でも，養護教諭でも担うことができる。重要なのは，「子どもの最善の利益」を考慮した

判断を行い，各種行政等関係機関との連携を視野に入れており，「子どもの心理危機」に対応する手段を持ち合わせていることであるといえよう。

引用・参考文献
石隈利紀・田村節子　2003　石隈・田村式援助シートによるチーム援助入門―学校心理学・実践編　図書文化
田村節子　2003　スクールカウンセラーによるコア援助チームの実践―学校心理学の枠組みから―　教育心理学年報, **42**, 168-181.
上地安昭　2003　教師のための学校危機対応実践マニュアル　金子書房
山口豊一・樽木靖夫・家近早苗・石隈利紀　2011　中学校におけるマネジメント委員会の機能がチーム援助体制及びチーム援助行動に与える影響―主任層に視点をあてて―　日本学校心理士会年報, **4**, 103-112.

事項索引

あ
アセスメント　49
生きる権利　24, 102
意見表明権　26
いじめ　72
援助サービス
　1次的——　2
　3次的——　3
　心理教育的——　1
　2次的——　2
　4次的——　14
援助資源　3
援助チーム　93, 98
　——結成のプロセス　117
　拡大——　118
　コア——　118
　ネットワーク型——　118

か
学校心理学　117
学校の危機管理　i
家庭裁判所　34
危機　1
　学校——　53, 117
　——介入　51, 117
　——管理マネジメント　117
　——のレベル　117
気になる子　74
教育関係機関　29
教育研究所　30
教育支援センター（適応指導教室）　4
教育相談所　83
教育臨床行政　16
教育を受ける権利　54
クライシス・マネジメント　iii, 47
コーディネーター　117, 122
子ども
　——の意見表明　26
　——の最善の利益　27, 28
　——の心理危機　iii, 14, 18, 23, 28, 117
子どもの権利（擁護）　23, 102
　——条約　ii, 23, 117
子ども発達センター　34
個別教育計画（IEP）　5

さ
参加する権利　24
自助資源　2
児童家庭支援センター　32
児童自立支援施設　32
児童相談所　31
児童養護施設　31
自閉スペクトラム症　87
司法・矯正関係機関　29
少年院　35
少年鑑別所　35
少年サポートセンター　36
心身の苦痛を表すサイン　i
心理危機マネジメント　iii, 16
精神保健福祉センター　34
相談室（カウンセリングルーム）　4
組織へのマネジメント　12
育つ権利　24, 102

た
縦割り行政　6
チーム援助　71, 117
　——体制　117, 120
適応指導教室　30
特別支援学校　30

な
ネットワーク　50

は
発達障害　53, 54, 72
福祉関係機関　29
福祉事務所　33
保健・医療関係機関　29
保健所・保健センター　33

ま
守られる権利　24, 102

ら
リスク・マネジメント

iii, 47
臨床行政論　117

連携　6, 53

人名索引

C
Caplan, G.　1, 11

F
福田雅章　27

G
Germain, C.　6

H
堀尾輝久　28

I
石隈利紀　2-5, 7, 13, 78, 80, 83-87, 117, 118

K
上地安昭　1, 13, 117
Klein, D. C.　12
小沼　豊　6, 13, 14, 25

小柴孝子　4

L
Lindemann, E.　12

M
牧　柾名　25
松原達哉　31, 34-36
水野治久　3

N
中谷素之　13, 14

P
Pitcher, G. O.　12, 48
Poland, S.　12, 48

R
Roberts, K. H.　13

S
Shonfeld, D.　15
Sutcliffe, K. M.　13

T
高山忠雄　6
瀧野揚三　12, 13, 15, 47
田村節子　3, 6, 78, 80, 83-87, 118, 122
田村修一　4
友常優子　4

W
Weich, K. H.　13

Y
山口豊一　5, 6, 25, 30, 33, 120
山中京子　5

付　録

公認心理師法

第一章　総則

(目的)
第一条　この法律は，公認心理師の資格を定めて，その業務の適正を図り，もって国民の心の健康の保持増進に寄与することを目的とする。
(定義)
第二条　この法律において「公認心理師」とは，第二十八条の登録を受け，公認心理師の名称を用いて，保健医療，福祉，教育その他の分野において，心理学に関する専門的知識及び技術をもって，次に掲げる行為を行うことを業とする者をいう。
一　心理に関する支援を要する者の心理状態を観察し，その結果を分析すること。
二　心理に関する支援を要する者に対し，その心理に関する相談に応じ，助言，指導その他の援助を行うこと。
三　心理に関する支援を要する者の関係者に対し，その相談に応じ，助言，指導その他の援助を行うこと。
四　心の健康に関する知識の普及を図るための教育及び情報の提供を行うこと。
(欠格事由)
第三条　次の各号のいずれかに該当する者は，公認心理師となることができない。
一　心身の故障により公認心理師の業務を適正に行うことができない者として文部科学省令・厚生労働省令で定めるもの
二　禁錮以上の刑に処せられ，その執行を終わり，又は執行を受けることがなくなった日から起算して二年を経過しない者
三　この法律の規定その他保健医療，福祉又は教育に関する法律の規定であって政令で定めるものにより，罰金の刑に処せられ，その執行を終わり，又は執行を受けることがなくなった日から起算して二年を経過しない者
四　第三十二条第一項第二号又は第二項の規定により登録を取り消され，その取消しの日から起算して二年を経過しない者

(令元法三七・一部改正)
第二章　試験

(資格)
第四条　公認心理師試験(以下「試験」という。)に合格した者は，公認心理師となる資格を有する。
(試験)
第五条　試験は，公認心理師として必要な知識及び技能について行う。
(試験の実施)
第六条　試験は，毎年一回以上，文部科学大臣及び厚生労働大臣が行う。

(受験資格)
第七条　試験は，次の各号のいずれかに該当する者でなければ，受けることができない。
一　学校教育法（昭和二十二年法律第二十六号）に基づく大学（短期大学を除く。以下同じ。）において心理学その他の公認心理師となるために必要な科目として文部科学省令・厚生労働省令で定めるものを修めて卒業し，かつ，同法に基づく大学院において心理学その他の公認心理師となるために必要な科目として文部科学省令・厚生労働省令で定めるものを修めてその課程を修了した者その他その者に準ずるものとして文部科学省令・厚生労働省令で定める者
二　学校教育法に基づく大学において心理学その他の公認心理師となるために必要な科目として文部科学省令・厚生労働省令で定めるものを修めて卒業した者その他その者に準ずるものとして文部科学省令・厚生労働省令で定める者であって，文部科学省令・厚生労働省令で定める施設において文部科学省令・厚生労働省令で定める期間以上第二条第一号から第三号までに掲げる行為の業務に従事したもの
三　文部科学大臣及び厚生労働大臣が前二号に掲げる者と同等以上の知識及び技能を有すると認定した者
(試験の無効等)
第八条　文部科学大臣及び厚生労働大臣は，試験に関して不正の行為があった場合には，その不正行為に関係のある者に対しては，その受験を停止させ，又はその試験を無効とすることができる。
2　文部科学大臣及び厚生労働大臣は，前項の規定による処分を受けた者に対し，期間を定めて試験を受けることができないものとすることができる。
(受験手数料)
第九条　試験を受けようとする者は，実費を勘案して政令で定める額の受験手数料を国に納付しなければならない。
2　前項の受験手数料は，これを納付した者が試験を受けない場合においても，返還しない。
(指定試験機関の指定)
第十条　文部科学大臣及び厚生労働大臣は，文部科学省令・厚生労働省令で定めるところにより，その指定する者（以下「指定試験機関」という。）に，試験の実施に関する事務（以下「試験事務」という。）を行わせることができる。
2　指定試験機関の指定は，文部科学省令・厚生労働省令で定めるところにより，試験事務を行おうとする者の申請により行う。
3　文部科学大臣及び厚生労働大臣は，前項の申請が次の要件を満たしていると認めるときでなければ，指定試験機関の指定をしてはならない。
一　職員，設備，試験事務の実施の方法その他の事項についての試験事務の実施に関する計画が，試験事務の適正かつ確実な実施のために適切なものであること。
二　前号の試験事務の実施に関する計画の適正かつ確実な実施に必要な経理的及び技術的な基礎を有するものであること。
4　文部科学大臣及び厚生労働大臣は，第二項の申請が次のいずれかに該当するときは，指定試験機関の指定をしてはならない。
一　申請者が，一般社団法人又は一般財団法人以外の者であること。
二　申請者がその行う試験事務以外の業務により試験事務を公正に実施することができないおそれがあること。
三　申請者が，第二十二条の規定により指定を取り消され，その取消しの日から起算して二年を経過しない者であること。

四　申請者の役員のうちに，次のいずれかに該当する者があること。
イ　この法律に違反して，刑に処せられ，その執行を終わり，又は執行を受けることがなくなった日から起算して二年を経過しない者
ロ　次条第二項の規定による命令により解任され，その解任の日から起算して二年を経過しない者
（指定試験）
第十一条　指定試験機関の役員の選任及び解任は，文部科学大臣及び厚生労働大臣の認可を受けなければ，その効力を生じない。
2　文部科学大臣及び厚生労働大臣は，指定試験機関の役員が，この法律（この法律に基づく命令又は処分を含む。）若しくは第十三条第一項に規定する試験事務規程に違反する行為をしたとき又は試験事務に関し著しく不適当な行為をしたときは，指定試験機関に対し，当該役員の解任を命ずることができる。
（事業計画の認可等）
第十二条　指定試験機関は，毎事業年度，事業計画及び収支予算を作成し，当該事業年度の開始前に（指定を受けた日の属する事業年度にあっては，その指定を受けた後遅滞なく），文部科学大臣及び厚生労働大臣の認可を受けなければならない。これを変更しようとするときも，同様とする。
2　指定試験機関は，毎事業年度の経過後三月以内に，その事業年度の事業報告書及び収支決算書を作成し，文部科学大臣及び厚生労働大臣に提出しなければならない。
（試験事務規程）
第十三条　指定試験機関は，試験事務の開始前に，試験事務の実施に関する規程（以下この章において「試験事務規程」という。）を定め，文部科学大臣及び厚生労働大臣の認可を受けなければならない。これを変更しようとするときも，同様とする。
2　試験事務規程で定めるべき事項は，文部科学省令・厚生労働省令で定める。
3　文部科学大臣及び厚生労働大臣は，第一項の認可をした試験事務規程が試験事務の適正かつ確実な実施上不適当となったと認めるときは，指定試験機関に対し，これを変更すべきことを命ずることができる。
（公認心理師試験委員）
第十四条　指定試験機関は，試験事務を行う場合において，公認心理師として必要な知識及び技能を有するかどうかの判定に関する事務については，公認心理師試験委員（以下この章において「試験委員」という。）に行わせなければならない。
2　指定試験機関は，試験委員を選任しようとするときは，文部科学省令・厚生労働省令で定める要件を備える者のうちから選任しなければならない。
3　指定試験機関は，試験委員を選任したときは，文部科学省令・厚生労働省令で定めるところにより，文部科学大臣及び厚生労働大臣にその旨を届け出なければならない。試験委員に変更があったときも，同様とする。
4　第十一条第二項の規定は，試験委員の解任について準用する。
（規定の適用等）
第十五条　指定試験機関が試験事務を行う場合における第八条第一項及び第九条第一項の規定の適用については，第八条第一項中「文部科学大臣及び厚生労働大臣」とあり，及び第九条第一項中「国」とあるのは，「指定試験機関」とする。
2　前項の規定により読み替えて適用する第九条第一項の規定により指定試験機関に納められた受験手数料は，指定試験機関の収入とする。

（秘密保持義務等）
第十六条　指定試験機関の役員若しくは職員（試験委員を含む。次項において同じ。）又はこれらの職にあった者は，試験事務に関して知り得た秘密を漏らしてはならない。
2　試験事務に従事する指定試験機関の役員又は職員は，刑法（明治四十年法律第四十五号）その他の罰則の適用については，法令により公務に従事する職員とみなす。
（帳簿の備付け等）
第十七条　指定試験機関は，文部科学省令・厚生労働省令で定めるところにより，試験事務に関する事項で文部科学省令・厚生労働省令で定めるものを記載した帳簿を備え，これを保存しなければならない。
（監督命令）
第十八条　文部科学大臣及び厚生労働大臣は，この法律を施行するため必要があると認めるときは，指定試験機関に対し，試験事務に関し監督上必要な命令をすることができる。
（報告）
第十九条　文部科学大臣及び厚生労働大臣は，この法律を施行するため必要があると認めるときは，その必要な限度で，文部科学省令・厚生労働省令で定めるところにより，指定試験機関に対し，報告をさせることができる。
（立入検査）
第二十条　文部科学大臣及び厚生労働大臣は，この法律を施行するため必要があると認めるときは，その必要な限度で，その職員に，指定試験機関の事務所に立ち入り，指定試験機関の帳簿，書類その他必要な物件を検査させ，又は関係者に質問させることができる。
2　前項の規定により立入検査を行う職員は，その身分を示す証明書を携帯し，かつ，関係者の請求があるときは，これを提示しなければならない。
3　第一項に規定する権限は，犯罪捜査のために認められたものと解釈してはならない。
（試験事務の休廃止）
第二十一条　指定試験機関は，文部科学大臣及び厚生労働大臣の許可を受けなければ，試験事務の全部又は一部を休止し，又は廃止してはならない。
（指定の取消し等）
第二十二条　文部科学大臣及び厚生労働大臣は，指定試験機関が第十条第四項各号（第三号を除く。）のいずれかに該当するに至ったときは，その指定を取り消さなければならない。
2　文部科学大臣及び厚生労働大臣は，指定試験機関が次の各号のいずれかに該当するに至ったときは，その指定を取り消し，又は期間を定めて試験事務の全部若しくは一部の停止を命ずることができる。
一　第十条第三項各号の要件を満たさなくなったと認められるとき。
二　第十一条第二項（第十四条第四項において準用する場合を含む。），第十三条第三項又は第十八条の規定による命令に違反したとき。
三　第十二条，第十四条第一項から第三項まで又は前条の規定に違反したとき。
四　第十三条第一項の認可を受けた試験事務規程によらないで試験事務を行ったとき。
五　次条第一項の条件に違反したとき。
（指定等の条件）
第二十三条　第十条第一項，第十一条第一項，第十二条第一項，第十三条第一項又は第二十一条の規定による指定，認可又は許可には，条件を付し，及びこれを変更することができる。
2　前項の条件は，当該指定，認可又は許可に係る事項の確実な実施を図るため必要な最小限度のものに限り，かつ，当該指定，認可又は許可を受ける者に不当な義務を課すこととなる

ものであってはならない。
(指定試験機関がした処分等に係る審査請求)
第二十四条　指定試験機関が行う試験事務に係る処分又はその不作為について不服がある者は，文部科学大臣及び厚生労働大臣に対し，審査請求をすることができる。この場合において，文部科学大臣及び厚生労働大臣は，行政不服審査法（平成二十六年法律第六十八号）第二十五条第二項及び第三項，第四十六条第一項及び第二項，第四十七条並びに第四十九条第三項の規定の適用については，指定試験機関の上級行政庁とみなす。
(文部科学大臣及び厚生労働大臣による試験事務の実施等)
第二十五条　文部科学大臣及び厚生労働大臣は，指定試験機関の指定をしたときは，試験事務を行わないものとする。
2　文部科学大臣及び厚生労働大臣は，指定試験機関が第二十一条の規定による許可を受けて試験事務の全部若しくは一部を休止したとき，第二十二条第二項の規定により指定試験機関に対し試験事務の全部若しくは一部の停止を命じたとき又は指定試験機関が天災その他の事由により試験事務の全部若しくは一部を実施することが困難となった場合において必要があると認めるときは，試験事務の全部又は一部を自ら行うものとする。
(公示)
第二十六条　文部科学大臣及び厚生労働大臣は，次の場合には，その旨を官報に公示しなければならない。
一　第十条第一項の規定による指定をしたとき。
二　第二十一条の規定による許可をしたとき。
三　第二十二条の規定により指定を取り消し，又は試験事務の全部若しくは一部の停止を命じたとき。
四　前条第二項の規定により試験事務の全部若しくは一部を自ら行うこととするとき又は自ら行っていた試験事務の全部若しくは一部を行わないこととするとき。
(試験の細目等)
第二十七条　この章に規定するもののほか，試験，指定試験機関その他この章の規定の施行に関し必要な事項は，文部科学省令・厚生労働省令で定める。
第三章　登録
(登録)
第二十八条　公認心理師となる資格を有する者が公認心理師となるには，公認心理師登録簿に，氏名，生年月日その他文部科学省令・厚生労働省令で定める事項の登録を受けなければならない。
(公認心理師登録簿)
第二十九条　公認心理師登録簿は，文部科学省及び厚生労働省に，それぞれ備える。
(公認心理師登録証)
第三十条　文部科学大臣及び厚生労働大臣は，公認心理師の登録をしたときは，申請者に第二十八条に規定する事項を記載した公認心理師登録証（以下この章において「登録証」という。）を交付する。
(登録事項の変更の届出等)
第三十一条　公認心理師は，登録を受けた事項に変更があったときは，遅滞なく，その旨を文部科学大臣及び厚生労働大臣に届け出なければならない。
2　公認心理師は，前項の規定による届出をするときは，当該届出に登録証を添えて提出し，その訂正を受けなければならない。

（登録の取消し等）
第三十二条　文部科学大臣及び厚生労働大臣は，公認心理師が次の各号のいずれかに該当する場合には，その登録を取り消さなければならない。
一　第三条各号（第四号を除く。）のいずれかに該当するに至った場合
二　虚偽又は不正の事実に基づいて登録を受けた場合
2　文部科学大臣及び厚生労働大臣は，公認心理師が第四十条，第四十一条又は第四十二条第二項の規定に違反したときは，その登録を取り消し，又は期間を定めて公認心理師の名称及びその名称中における心理師という文字の使用の停止を命ずることができる。
（登録の消除）
第三十三条　文部科学大臣及び厚生労働大臣は，公認心理師の登録がその効力を失ったときは，その登録を消除しなければならない。
（情報の提供）
第三十四条　文部科学大臣及び厚生労働大臣は，公認心理師の登録に関し，相互に必要な情報の提供を行うものとする。
（変更登録等の手数料）
第三十五条　登録証の記載事項の変更を受けようとする者及び登録証の再交付を受けようとする者は，実費を勘案して政令で定める額の手数料を国に納付しなければならない。
（指定登録機関の指定等）
第三十六条　文部科学大臣及び厚生労働大臣は，文部科学省令・厚生労働省令で定めるところにより，その指定する者（以下「指定登録機関」という。）に，公認心理師の登録の実施に関する事務（以下「登録事務」という。）を行わせることができる。
2　指定登録機関の指定は，文部科学省令・厚生労働省令で定めるところにより，登録事務を行おうとする者の申請により行う。
第三十七条　指定登録機関が登録事務を行う場合における第二十九条，第三十条，第三十一条第一項，第三十三条及び第三十五条の規定の適用については，第二十九条中「文部科学省及び厚生労働省に，それぞれ」とあるのは「指定登録機関に」と，第三十条，第三十一条第一項及び第三十三条中「文部科学大臣及び厚生労働大臣」とあり，並びに第三十五条中「国」とあるのは「指定登録機関」とする。
2　指定登録機関が登録を行う場合において，公認心理師の登録を受けようとする者は，実費を勘案して政令で定める額の手数料を指定登録機関に納付しなければならない。
3　第一項の規定により読み替えて適用する第三十五条及び前項の規定により指定登録機関に納められた手数料は，指定登録機関の収入とする。
（準用）
第三十八条　第十条第三項及び第四項，第十一条から第十三条まで並びに第十六条から第二十六条までの規定は，指定登録機関について準用する。この場合において，これらの規定中「試験事務」とあるのは「登録事務」と，「試験事務規程」とあるのは「登録事務規程」と，第十条第三項中「前項の申請」とあり，及び同条第四項中「第二項の申請」とあるのは「第三十六条第二項の申請」と，第十六条第一項中「職員（試験委員を含む。次項において同じ。）」とあるのは「職員」と，第二十二条第二項第二号中「第十一条第二項（第十四条第四項において準用する場合を含む。）」とあるのは「第十一条第二項」と，同項第三号中「，第十四条第一項から第三項まで又は前条」とあるのは「又は前条」と，第二十三条第一項及び第二十六条第一号中「第十条第一項」とあるのは「第三十六条第一項」と読み替えるものとする。
（文部科学省令・厚生労働省令への委任）
第三十九条　この章に規定するもののほか，公認心理師の登録，指定登録機関その他この章の

規定の施行に関し必要な事項は，文部科学省令・厚生労働省令で定める。
第四章　義務等
(信用失墜行為の禁止)
第四十条　公認心理師は，公認心理師の信用を傷つけるような行為をしてはならない。
(秘密保持義務)
第四十一条　公認心理師は，正当な理由がなく，その業務に関して知り得た人の秘密を漏らしてはならない。公認心理師でなくなった後においても，同様とする。
(連携等)
第四十二条　公認心理師は，その業務を行うに当たっては，その担当する者に対し，保健医療，福祉，教育等が密接な連携の下で総合的かつ適切に提供されるよう，これらを提供する者その他の関係者等との連携を保たなければならない。
2　公認心理師は，その業務を行うに当たって心理に関する支援を要する者に当該支援に係る主治の医師があるときは，その指示を受けなければならない。
(資質向上の責務)
第四十三条　公認心理師は，国民の心の健康を取り巻く環
一　第十七条（第三十八条において準用する場合を含む。）の規定に違反して帳簿を備えず，帳簿に記載せず，若しくは帳簿に虚偽の記載をし，又は帳簿を保存しなかったとき。
二　第十九条（第三十八条において準用する場合を含む。）の規定による報告をせず，又は虚偽の報告をしたとき。
三　第二十条第一項（第三十八条において準用する場合を含む。）の規定による立入り若しくは検査を拒み，妨げ，若しくは忌避し，又は質問に対して陳述をせず，若しくは虚偽の陳述をしたとき。
四　第二十一条（第三十八条において準用する場合を含む。）の許可を受けないで試験事務又は登録事務の全部を廃止したとき。
附　則　抄
(施行期日)
第一条　この法律は，公布の日から起算して二年を超えない範囲内において政令で定める日から施行する。ただし，第十条から第十四条まで，第十六条，第十八条から第二十三条まで及び第二十五条から第二十七条までの規定並びに第四十七条，第四十八条及び第五十条（第一号を除く。）の規定（指定試験機関に係る部分に限る。）並びに附則第八条から第十一条までの規定は，公布の日から起算して六月を超えない範囲内において政令で定める日から施行する。
(平成二十九年政令第二四二号で，本文に係る部分は，平成二十九年九月一五日から施行)
(平成二十八年政令第五五号で，ただし書に係る部分は，平成二十八年三月一五日から施行)
(受験資格の特例)
第二条　次の各号のいずれかに該当する者は，第七条の規定にかかわらず，試験を受けることができる。
一　この法律の施行の日（以下この項及び附則第六条において「施行日」という。）前に学校教育法に基づく大学院の課程を修了した者であって，当該大学院において心理学その他の公認心理師となるために必要な科目として文部科学省令・厚生労働省令で定めるものを修めたもの
二　施行日前に学校教育法に基づく大学院に入学した者であって，施行日以後に心理学その他の公認心理師となるために必要な科目として文部科学省令・厚生労働省令で定めるものを修めて当該大学院の課程を修了したもの
三　施行日前に学校教育法に基づく大学に入学し，かつ，心理学その他の公認心理師となるた

めに必要な科目として文部科学省令・厚生労働省令で定めるものを修めて卒業した者その他その者に準ずるものとして文部科学省令・厚生労働省令で定める者であって，施行日以後に同法に基づく大学院において第七条第一号の文部科学省令・厚生労働省令で定める科目を修めてその課程を修了したもの

四　施行日前に学校教育法に基づく大学に入学し，かつ，心理学その他の公認心理師となるために必要な科目として文部科学省令・厚生労働省令で定めるものを修めて卒業した者その他その者に準ずるものとして文部科学省令・厚生労働省令で定める者であって，第七条第二号の文部科学省令・厚生労働省令で定める施設において同号の文部科学省令・厚生労働省令で定める期間以上第二条第一号から第三号までに掲げる行為の業務に従事したもの

2　この法律の施行の際現に第二条第一号から第三号までに掲げる行為を業として行っている者その他その者に準ずるものとして文部科学省令・厚生労働省令で定める者であって，次の各号のいずれにも該当するに至ったものは，この法律の施行後五年間は，第七条の規定にかかわらず，試験を受けることができる。

一　文部科学大臣及び厚生労働大臣が指定した講習会の課程を修了した者
二　文部科学省令・厚生労働省令で定める施設において，第二条第一号から第三号までに掲げる行為を五年以上業として行った者

3　前項に規定する者に対する試験は，文部科学省令・厚生労働省令で定めるところにより，その科目の一部を免除することができる。

（受験資格に関する配慮）
第三条　文部科学大臣及び厚生労働大臣は，試験の受験資格に関する第七条第二号の文部科学省令・厚生労働省令を定め，及び同条第三号の認定を行うに当たっては，同条第二号又は第三号に掲げる者が同条第一号に掲げる者と同等以上に臨床心理学を含む心理学その他の科目に関する専門的な知識及び技能を有することとなるよう，同条第二号の文部科学省令・厚生労働省令で定める期間を相当の期間とすることその他の必要な配慮をしなければならない。

（名称の使用制限に関する経過措置）
第四条　この法律の施行の際現に公認心理師という名称を使用している者又はその名称中に心理師の文字を用いている者については，第四十四条第一項又は第二項の規定は，この法律の施行後六月間は，適用しない。

（検討）
第五条　政府は，この法律の施行後五年を経過した場合において，この法律の規定の施行の状況について検討を加え，その結果に基づいて必要な措置を講ずるものとする。

（試験の実施に関する特例）
第六条　第六条の規定にかかわらず，施行日の属する年においては，試験を行わないことができる。

附　則　（令和元年六月一四日法律第三七号）　抄

（施行期日）
第一条　この法律は，公布の日から起算して三月を経過した日から施行する。ただし，次の各号に掲げる規定は，当該各号に定める日から施行する。

一　第四十条，第五十九条，第六十一条，第七十五条（児童福祉法第三十四条の二十の改正規定に限る。），第八十五条，第百二条，第百七条（民間あっせん機関による養子縁組のあっせんに係る児童の保護等に関する法律第二十六条の改正規定に限る。），第百十一条，第百四十三条，第百四十九条，第百五十二条，第百五十四条（不動産の鑑定評価に関する法律第二十五条第六号の改正規定に限る。）及び第百六十八条並びに次条並びに附則第三条及び第六条の規定　公布の日

二　第三条，第四条，第五条（国家戦略特別区域法第十九条の二第一項の改正規定を除く。），第二章第二節及び第四節，第四十一条（地方自治法第二百五十二条の二十八の改正規定を除く。），第四十二条から第四十八条まで，第五十条，第五十四条，第五十七条，第六十条，第六十二条，第六十六条から第六十九条まで，第七十五条（児童福祉法第三十四条の二十の改正規定を除く。），第七十六条，第七十七条，第七十九条，第八十条，第八十二条，第八十四条，第八十七条，第八十八条，第八十九条，第九十条（職業能力開発促進法第三十条の十九第二項第一号の改正規定を除く。），第九十五条，第九十六条，第九十八条から第百条まで，第百四条，第百八条，第百九条，第百十二条，第百十三条，第百十五条，第百十六条，第百十九条，第百二十一条，第百二十三条，第百三十三条，第百三十五条，第百三十八条，第百三十九条，第百六十一条から第百六十三条まで，第百六十六条，第百六十九条，第百七十条，第百七十二条（フロン類の使用の合理化及び管理の適正化に関する法律第二十九条第一項第一号の改正規定に限る。）並びに第百七十三条並びに附則第十六条，第十七条，第二十条，第二十一条及び第二十三条から第二十九条までの規定　公布の日から起算して六月を経過した日

（行政庁の行為等に関する経過措置）
第二条　この法律（前条各号に掲げる規定にあっては，当該規定。以下この条及び次条において同じ。）の施行の日前に，この法律による改正前の法律又はこれに基づく命令の規定（欠格条項その他の権利の制限に係る措置を定めるものに限る。）に基づき行われた行政庁の処分その他の行為及び当該規定により生じた失職の効力については，なお従前の例による。

（罰則に関する経過措置）
第三条　この法律の施行前にした行為に対する罰則の適用については，なお従前の例による。

（検討）
第七条　政府は，会社法（平成十七年法律第八十六号）及び一般社団法人及び一般財団法人に関する法律（平成十八年法律第四十八号）における法人の役員の資格を成年被後見人又は被保佐人であることを理由に制限する旨の規定について，この法律の公布後一年以内を目途として検討を加え，その結果に基づき，当該規定の削除その他の必要な法制上の措置を講ずるものとする。

　　　附　　則　（令和三年五月一九日法律第三七号）　抄

（施行期日）
第一条　この法律は，令和三年九月一日から施行する。ただし，次の各号に掲げる規定は，当該各号に定める日から施行する。
一　第二十七条（住民基本台帳法別表第一から別表第五までの改正規定に限る。），第四十五条，第四十七条及び第五十五条（行政手続における特定の個人を識別するための番号の利用等に関する法律別表第一及び別表第二の改正規定（同表の二十七の項の改正規定を除く。）に限る。）並びに附則第八条第一項，第五十九条から第六十三条まで，第六十七条及び第七十一条から第七十三条までの規定　公布の日
二から九まで　略
十　第二十八条，第三十四条，第三十六条，第四十条，第五十六条及び第六十一条の規定　公布の日から起算して四年を超えない範囲内において政令で定める日

（罰則に関する経過措置）
第七十一条　この法律（附則第一条各号に掲げる規定にあっては，当該規定。以下この条において同じ。）の施行前にした行為及びこの附則の規定によりなお従前の例によることとされる場合におけるこの法律の施行後にした行為に対する罰則の適用については，なお従前の例による。

（政令への委任）

第七十二条　この附則に定めるもののほか，この法律の施行に関し必要な経過措置（罰則に関する経過措置を含む。）は，政令で定める。
（検討）
第七十三条　政府は，行政機関等に係る申請，届出，処分の通知その他の手続において，個人の氏名を平仮名又は片仮名で表記したものを利用して当該個人を識別できるようにするため，個人の氏名を平仮名又は片仮名で表記したものを戸籍の記載事項とすることを含め，この法律の公布後一年以内を目途としてその具体的な方策について検討を加え，その結果に基づいて必要な措置を講ずるものとする。

【執筆者紹介】
山口豊一（やまぐち　とよかず）
1953 年生まれ。
聖徳大学心理・福祉学部心理学科教授，聖徳大学大学院臨床心理学科教授，通信教育部聖徳大学心理・福祉学部心理学科教授，聖徳大学附属心理教育相談所所長。
茨城大学大学院教育学研究科（修士課程），筑波大学人間総合科学研究科（博士課程）修了。博士（カウンセリング科学）。日本学校心理学会副理事長。公認心理師，学校心理士SV，臨床心理士，上級教育カウンセラー，ガイダンスカウンセラー，特別支援教育士SV。
茨城県公立小・中学校教員，茨城県教育研修センター指導主事，跡見学園女子大学文学部臨床心理学科教授を経て現職。
担当：序章，第 2 章（共著），第 5 章，終章

小沼　豊（こぬま　ゆたか）
1982 年生まれ。
北海道教育大学大学院教育学研究科准教授。
北海道教育大学附属札幌中学校スクールカウンセラー。
千葉大学大学院教育学研究科（修士課程）修了，名古屋大学大学院教育発達科学研究科（博士課程）単位取得退学。博士（心理学）。公認心理師，学校心理士，ガイダンスカウンセラー。
文部科学省初等中等教育局児童生徒課生徒指導室を経て現職。
担当：はじめに，第 1 章（共著），第 2 章（共著），第 6 章，第 7 章

高橋知己（たかはし　ともみ）
1962 年生まれ。
上越教育大学大学院学校教育研究科教授。
上越教育大学いじめ・生徒指導研究センターセンター長。
上越教育大学大学院教育学研究科修了。学校心理士。
岩手県公立小学校教員を経て現職。
担当：第 1 章（共著），第 3 章，第 4 章

学校での子どもの危機への介入

事例から学ぶ子どもの支援

2015 年 10 月 20 日　初版第 1 刷発行	（定価はカヴァーに表示してあります）
2024 年 10 月 30 日　初版第 5 刷発行	

　　　　　　　著　者　山口豊一

　　　　　　　　　　　小沼　豊

　　　　　　　　　　　高橋知己

　　　　　　　発行者　中西　良

　　　　　　　発行所　株式会社ナカニシヤ出版

　　　　〶 606-8161　京都市左京区一乗寺木ノ本町 15 番地

　　　　　　　　　　　　Telephone　075-723-0111
　　　　　　　　　　　　Facsimile　　075-723-0095
　　　　　　　Website　http://www.nakanishiya.co.jp/
　　　　　　　Email　　iihon-ippai@nakanishiya.co.jp
　　　　　　　　　　　郵便振替　01030-0-13128

装幀＝白沢　正／印刷・製本＝創栄図書印刷
Copyright © 2015 by T. Yamaguchi, Y. Konuma, & T. Takahashi
Printed in Japan
ISBN978-4-7795-0980-3

本書のコピー，スキャン，デジタル化等の無断複製は著作権法上での例外を除き禁じられています。本書を代行業者等の第三者に依頼してスキャンやデジタル化することはたとえ個人や家庭内の利用であっても著作権法上認められておりません。